Schlote – Zeit genug!

Konzept und Beratung der Reihe Beltz Weiterbildung:

Prof. Dr. Karlheinz A. Geißler, Schlechinger Weg 13, D-81669 München.
Prof. Dr. Bernd Weidenmann, Weidmoosweg 5, D-83626 Valley.

Axel Schlote

Zeit genug!

Wege zum persönlichen Zeitwohlstand

Beltz Verlag · Weinheim und Basel

Axel Schlote, Dr. phil., Jg. 1968, Verwaltungsangestellter. Als Sozialwissenschaftler seit 1992 Beschäftigung mit dem Thema Zeit: Arbeitszeit, Zeitsoziologie, Zeit und Medien, Zeitmanagement und alternative Zeit-Konzepte als Schwerpunkte.

Für Ingrid

Gesetzt nach den neuen Rechtschreibregeln
Lektorat: Ingeborg Sachsenmeier

© 2000 Beltz Verlag · Weinheim und Basel
http://www.beltz.de
Herstellung: Klaus Kaltenberg
Satz: Satz- und Reprotechnik GmbH, Hemsbach
Druck: Druckhaus Beltz, Hemsbach
Umschlaggestaltung und Zeichnung S. 3: Bernhard Zerwann, Bad Dürkheim
Printed in Germany

ISBN 3-407-36365-6

Inhaltsverzeichnis

Vorwort

Obwohl das Thema eigentlich relativ trivial erscheint, beschäftigt es dennoch viele. Denn, wie Helga Nowotny es formuliert hat: »Alle Menschen sind Praktiker und Theoretiker der Zeit.« (Nowotny 1993, S. 7)

In dieser Feststellung liegt aber auch eine Gefahr. Zeit ist immer da. Wir gehen ständig mit Zeit um, irgendwie. Und diese Selbstverständlichkeit der Zeit und unserer Orientierung an der Uhrzeit macht uns zuweilen blind – für Zeit-Probleme, für ihre Ursachen und Veränderungsmöglichkeiten. Handfeste Zeit-Probleme, ja, das Leiden vieler Menschen unter der Zeit bzw. dem Mangel an Zeit verdeutlichen, dass Zeit eben nur vordergründig ein triviales Thema ist. Die Selbstverständlichkeit unseres Umgangs mit Zeit ebenso wie vielfach genannte Sachzwänge machen Zeit für viele zu einem Gefängnis, aus dem es kein Entrinnen zu geben scheint. Somit sind die Selbstverständlichkeiten und Sachzwänge ein wesentlicher Teil und häufig auch Ursache der Zeit-Probleme.

Was sind eigentlich Zeit-Probleme? Woran kann ich sie erkennen? Nehmen Sie sich die folgenden Fragen vor und beantworten Sie diese ehrlich gegenüber sich selbst:

❖ Ist Dalli-Dalli Ihr Motto im Beruf und in der Freizeit?
❖ Denken Sie oft an die Dinge, die noch vor Ihnen liegen?
❖ Sind Sie immer, überall und sofort erreichbar?
❖ Haben Sie das Gefühl, dass der Pegel Ihrer inneren Unruhe steigt?
❖ Können Sie sich ein Leben ohne Uhr nicht mehr vorstellen?
❖ Jagen Sie in der Freizeit von einem Termin zum nächsten?
❖ Werden Sie unruhig, wenn einmal wirklich Ruhe einkehrt?
❖ Quillt Ihr Schreibtisch über?
❖ Wissen Sie nicht, womit Sie anfangen sollen?
❖ Leben Sie nur nach Kalender?
❖ Haben Sie das Gefühl, verplant zu sein, keine Zeit für sich, Freunde oder Familie zu haben, für Dinge, die Ihnen persönlich wichtig sind?
❖ Wollen Sie möglichst viel und perfekt tun?

Wenn Sie einige oder vielleicht sogar die meisten der Fragen mit »Ja« beantwortet haben, dann sind Sie keineswegs ein hoffnungsloser Fall. Denn erstens sind Sie mit solchen Zeit-Problemen nicht allein. Zweitens: Vielleicht macht es Ihnen auch gar nichts aus. O.K. – dann lassen Sie es einfach dabei, legen dieses Buch weg und holen es dann gegebenenfalls wieder hervor, wenn Sie ihren Umgang mit Zeit eines Tages doch noch ändern wollen. Und drittens: Wenn es Ihnen doch, jetzt schon, etwas ausmacht, wenn Sie Ihre Belastungen reduzieren, Ihren Umgang mit Zeit ändern wollen – dann tun Sie es!

Aber wie? In diesem Buch sollen Wege zum Zeitwohlstand aufgezeigt werden. Das Buch richtet sich an jeden, der sich für das Thema Zeit, den eigenen Umgang mit Zeit und Veränderungen im Verhältnis zur Zeit interessiert: an die Hausfrau genauso wie den Manager, die Lehrerin und den Rentner, die Sekretärin und den Arbeitslosen, Studenten und Freiberufler.

Dieses Buch ist nicht die Bibel, und Sie kommen auch nicht in die Hölle, wenn Sie die Ratschläge nicht befolgen. Verstehen Sie sie als Angebote zum Nachdenken, als Anregungen. Zu diesem Zweck habe ich eine Reihe von bekannten Vorschlägen zusammengetragen und einige weitere entwickelt. Berücksichtigt werden dabei Erkenntnisse der Sozialwissenschaften über den Umgang von Menschen mit Zeit, entwickelte Zeitberatungsmethoden und alternative Konzepte des Umgangs mit Zeit (Ökologie der Zeit, Zeitpioniere). Ziel ist ein (selbst-)bewusster Umgang mit Zeit: eine Reduzierung der Belastungen, eine maßvolle Einteilung der Zeit nach eigenen Wünschen und Bedürfnissen, um zufriedener und ausgeglichener zu werden.

Der hier vertretene Ansatz (im Gegensatz zu einigen anderen, vor allem dem Zeitmanagement) geht von der These aus: *Zeit-Probleme haben in erster Linie gesellschaftliche Ursachen.* Die Ursachen zu verändern ist wünschenswert, für den Einzelnen allerdings schwierig und verhältnismäßig langwierig. Wir können jedoch versuchen, Zeit-Problemen individuell entgegenzusteuern. Mit dem Bewusstsein, wie wir mit Zeit umgehen und warum, können wir unser Verhältnis zur Zeit verändern. Dazu müssen die Zeit-Probleme analysiert werden, um Strategien zur Veränderung zu erarbeiten. Die Situation und die Probleme des Einzelnen stehen hierbei im Mittelpunkt. Dabei müssen gesellschaftliche Hintergründe der Zeit-Probleme ebenso einbezogen werden wie die individuelle Lebensgeschichte. Auch bei der Bestimmung von Zielen muss von der einzelnen Persönlichkeit ausgegangen werden, um differenzierte Ziele realistisch zu bestimmen.

Meine Anregungen zu einem bewussten Umgang mit Zeit sind Vorschläge zur Verhaltens- und Einstellungsänderung. Als solche passen sie eigentlich nicht in ein starres Schema. Auch die systematische Aufarbeitung in diesem

Buch soll nicht dazu verleiten, die vorgestellten Überlegungen als eine Methodenlehre zu begreifen, der nur zu folgen ist und schon lösen sich alle Zeit-Probleme in Gelassenheit auf.

Wege zum Zeitwohlstand sind keine Autobahn, sondern eher holprige Feldwege mit Umwegen und Schlaglöchern. Wege zum Zeitwohlstand bestehen aus einem Veränderungsprozess. Ein Prozess beginnt nicht heute und endet auch morgen noch nicht. Die Umsetzung vieler Vorschläge ist abhängig von der Persönlichkeit. Jeder Mensch hat Möglichkeiten und Grenzen, seinen Umgang mit Zeit zu verändern. Die meiste Arbeit müssen SIE selbst machen. Nicht das Lesen dieses oder anderer Bücher, nicht der Besuch von Seminaren und auch nicht das Gespräch mit einem »Coach« oder Berater ist das Wichtige, sondern die Arbeit an sich selbst. Ihre Zeit-Probleme müssen Sie selbst lösen. Dieses Buch kann Ihnen nur Anregungen und Anstöße zur Veränderung geben.

Auch ein Buch über Wege zum Zeitwohlstand kann gelegentlich Zeitnot verursachen, dem Autor zumindest. Dass es dennoch entstanden ist, habe ich verschiedenen Menschen zu verdanken, die mir mit Hilfe und Zuspruch Mut für die Arbeit gemacht und mir Ansporn gegeben haben. Stellvertretend für diese Menschen danke ich an dieser Stelle ganz besonders Karlheinz A. Geißler für sein Vertrauen, Ingrid Rief für ihre Freundschaft und Ingeborg Sachsenmeier vom Beltz Verlag für die engagierte persönliche Betreuung.

Einleitung

Versuchen Sie einmal, Zeit zu definieren, ohne den Begriff Zeit oder von ihm abgeleitete Begriffe zu verwenden! Wenn es Ihnen auf Anhieb gelingt, legen Sie sofort das Buch aus der Hand und widmen Sie sich ausschließlich nur noch der Philosophie. Denn dann wären Sie ein Genie, ein naturbegabter Meister der Philosophie.

Wenn es Ihnen nicht gelingt, dann ist das kein Grund, den Kopf hängen zu lassen. Mir ist in den gut sechs Jahren Beschäftigung mit der Zeit nur eine befriedigende Definition von Zeit begegnet, die auf den sprachlichen Zirkelschluss verzichtet und Zeit als etwas sozial Gemachtes, also gesellschaftlich Bedingtes begreift. Auf diese Definition (des Soziologen Norbert Elias) komme ich gleich noch zurück.

Was ist Zeit?

Worin liegt diese Schwierigkeit begriffen? Wir könnten jederzeit Begriffe wie »Auto« oder »Badewanne« definieren, ohne die Begriffe selbst zu benutzen. Wahrscheinlich liegt diese Schwierigkeit bei der Zeit auch darin begründet, dass man sie nicht fassen, riechen, sehen oder schmecken kann. Wir haben also etwas zu benennen, das wir mit unseren Sinnen nicht erfassen können. Das ist schwer. Dies ist umso erstaunlicher, weil die Zeit doch ein sehr geläufiger Begriff ist. Also gleichwohl, auch wenn wir alle über sie reden (und häufig klagen), können wir doch meistens nicht erklären, was »Zeit« ist.

Der für solche Diskussionen oft zitierte Philosoph Aurelius Augustinus, ca. 400 n.Chr.) beschrieb dieses Manko folgendermaßen:

> *»Was also ist Zeit? Wenn niemand mich danach fragt, weiß ich es. Wenn mich aber jemand danach fragt, dann kann ich es nicht erklären.«*

Für die Physik war Zeit seit Isaac Newton etwas Absolutes, gleichförmig fließend und ohne einen Bezug zu äußeren Ereignissen. Bei Albert Einstein wurde Zeit dann relativ. Auf jeden Fall aber ist Zeit in dem physikalischen Verständnis etwas Objektives. Diese Sichtweise einer objektiven Zeit hat auch unser allgemeines Zeitverständnis geprägt.

Eine Stunde ist eine Stunde ist eine Stunde – sagt die objektive Uhrzeit. Doch unser subjektives Zeitempfinden sagt häufig etwas ganz anderes. Es gibt also einen Unterschied zwischen der objektiven Zeit und dem subjektiven Zeiterleben. Auf diesen Umstand nimmt jedoch die Uhrzeit und alles Handeln, das sich ausschließlich nach ihr richtet, keine Rücksicht. Dieser Unterschied ist zum Beispiel bei der objektiven und der subjektiven Dauer eines Ereignisses zu bemerken.

Dieses Problem kennt zum Beispiel jeder Redner, der einen Vortrag von, sagen wir, 45 Minuten Dauer zu halten hat. Er weiß nicht, wie diese Zeit von den Zuhörenden empfunden wird. Für manche (und hoffentlich für viele aus Sicht des Redners) vergeht die Zeit vielleicht wie im Flug, für andere (so fürchtet der Redner) geht die Zeit einfach nicht rum. So wird der Unterschied zwischen objektiver und subjektiver Zeit zu einem Unsicherheitsfaktor. Ein anderes Beispiel: Die letzten drei Tage vor Weihnachten dauern für ein Kind unendlich lange. Die drei Tage bis zum nächsten Zahnarztbesuch gehen dagegen vielleicht viel zu schnell vorbei. Wer frisch verliebt auf seine Freundin wartet, für den sind zehn Minuten eine Ewigkeit. Für den Nachrichtenredakteur, der in zehn Minuten auf Sendung geht, aber noch drei Meldungen zu schreiben hat, scheint der Uhrzeiger in diesen zehn Minuten zu rasen.

Zeitempfinden ist demnach subjektiv. Das verweist darauf, dass wir ein Bewusstsein von Zeit haben müssen, dass Zeit ein Gebilde menschlicher Vorstellungskraft ist. Zeit ist also ein Konstrukt des Gehirns, das unserem Denken und Nachdenken entsprungen ist. Ohne Menschen gibt es keine Zeit. Dieser Zusammenhang von Menschen und Zeit widerspricht dem physikalischen Zeitverständnis. Er entspricht jedoch unserer Wahrnehmung von Zeit einschließlich der Wahrnehmungsunterschiede.

Diesen engen Zusammenhang zwischen Menschen und Zeit hat auch der Soziologe Norbert Elias gesehen. Er liefert uns ein brauchbares Angebot, wie man Zeit definieren könnte (ohne den Begriff Zeit selbst zu benutzen). Elias sagte, sehr allgemein, *Zeit sei ein Symbol – für eine Beziehung zwischen Menschen und deren Handlungen* (vgl. Elias 1982, S. 843). Zeit ist also bloß ein Mittel zur Koordination unserer unterschiedlichen Tätigkeiten. Worauf es danach ankommt ist, wie wir diese Koordinationen durchführen. Das heißt mit anderen Worten: Was wir aus unserer Zeit machen, ist unsere Sache, die Sache der Gesellschaft und der einzelnen Menschen. Doch dieser Umgang mit Zeit wird zunehmend zum Problem.

Zeit-Probleme

In sechs Tagen erschuf Gott die Welt. Die meisten Menschen wären am liebsten noch schneller. Die Orientierung an der Uhrzeit ist für uns so selbstverständlich geworden wie Essen und Trinken. Der ständige Blick auf die Uhr ist für viele so notwendig wie die Luft zum Atmen. Wir können nicht mehr ohne, glauben wir. Die rhetorische (und ironische?) Frage des Physikers Stephen Hawking »Wie spät war es am Anfang?« (damit meint er den Urknall am Beginn des Universums) bleibt wahrscheinlich für immer unbeantwortet. Aber heute will jeder ständig wissen, wie spät es ist.

Kein Problem. An Bahnhöfen und Kirchen, in Büros und Küchen, in Wohn- und Schlafzimmern hängen Uhren. Radio und Fernsehen sagen uns regelmäßig die Zeit, atomuhrengenau. Die Zeitansage der Telekom ist zeitlos beliebt. Armbanduhren fesseln uns an die Zeit. Das ist sehr wichtig. Denn wir müssen die Zeit nutzen. Zeit ist Geld. Stillstand ist Rückschritt. Das gilt bei der Arbeit und in der Freizeit, im Büro und zu Hause, im Auto und im Garten. Man kann immer etwas verpassen. Um das zu verhindern, müssen wir aktiv sein.

Doch trotz Uhrzeit, Weckern und Terminen versagt die Synchronisation gelegentlich. Das ist ärgerlich, weil es ökonomisch unrational ist. Dann müssen wir warten. Wir dürfen nicht, wir müssen warten. Damit wir möglichst wenig warten müssen und stattdessen viel schaffen, lehren uns die Prediger des Zeitmanagements, wie wir noch mehr in noch kürzerer Zeit schaffen können. Dann beeilen wir uns, auch unsere Pausen zu beschleunigen. Wir gehen in die 10-Minuten-Andacht. Wir essen 5-Minuten-Terrinen. Und wir trotzen der Erkältung mit dem Tempo-Taschentuch. Wer eine Grippe auskurieren muss, braucht dafür zwei Wochen. Wer zum Arzt geht, bei dem dauert es 14 Tage. Damit wollen (und dürfen) wir uns nicht abfinden.

Doch der Tempowahn hat auch seine Schattenseiten. Die Zeitökonomie fordert immer mehr Opfer. Stress, innere Unruhe und ernsthafte Erkrankungen zwingen immer mehr Menschen zur unfreiwilligen Aus-Zeit. Das betrifft nicht nur Arbeitslose und Rentner, die (häufig ungewollt) viel freie Zeit haben und diese nicht mehr in den Griff kriegen. Längst hat die Zeit uns im Griff. Im Würgegriff. Denn viele Menschen empfinden die zunehmende Zeitnot als Belastung, die einem die Luft abschnürt.

Nicht alle wollen sich damit abfinden. Zeitökologen und Zeitpioniere fordern einen neuen Umgang mit Zeit. Manch einer fängt schon bei sich selber an. Inzwischen gibt es ein Projekt »Ökologie der Zeit«, einen Verein zur Zeit-Verzögerung namens »Tempus« und für Langsam-Esser die »Slow-food«-Bewegung. »Die Entdeckung der Langsamkeit« (Nadolny 1992) wird für Zeitpioniere zum Programm. Es wäre schön, wenn es immer mehr Zeitpioniere geben würde. Angesichts der Folgen der Zeitökonomie relativiert sich die Erfolgsgeschichte der Schöpfung im Sauseschritt. In sechs Tagen schuf Gott die Welt. Vielleicht hätte er sich mehr Zeit lassen sollen.

Der Takt als »Herzschlag« der Uhrenzeit

Maßgeblich für unsere moderne Vorstellung von Zeit sind Uhren. Ob es Zeit ist oder nicht, sagt uns nicht das Licht (oder etwas anderes), sondern ein Blick auf die Uhr. Kennzeichnend für die Zeit der Uhren ist der Takt. Der Takt (regelmäßiger Schlag, von lat. tactus = Berührung) ist »*das Zeitmuster des Mechanischen*« (Geißler 1995, S. 9), das Orientierungsmuster der modernen Zeitökonomie. Ebenso wie die abstrakte Zeit der Uhren ist auch der Takt ein künstliches Zeitmaß. Er zerstückelt die Zeit, und unsere Bewegungen und Handlungen in der Zeit, in möglichst gleich große Teile. Die Kennzeichen des Taktes sind monotone Gleichmäßigkeit sowie exakte, starre und gleichförmige Wiederholung. In der Industrie bezeichnet der Takt die »*festgelegte gleichmäßige Aufeinanderfolge ineinander greifender Teilschritte eines Arbeitsablaufs, aufeinander abgestimmter Produktionsphasen in einer technischen Anlage*« (Etymologisches Wörterbuch des Deutschen).

Modernisierung ist, in der Logik der Zeitökonomie, reduziert auf die Beschleunigung des Taktes. Postmoderne Phänomene wie Flexibilisierung und Zeitautonomie stellen sich bei genauerem Hinsehen weniger als Befreiung vom Takt dar, sondern häufig eher als zunehmende Verstetigung und Pausenlosigkeit des Taktes. Wer aus dem Takt kommt (so verrät es das Sprichwort), der macht etwas falsch, weil er nicht mehr mitschwimmt in dem gleichförmigen Strom der Zeit. In der Nonstop-Gesellschaft leben und arbeiten wir permanent, rund um die Uhr. Die Logik der Zeitökonomie macht den Takt rücksichtslos und unseren Umgang mit Zeit maßlos. Damit stehen die Zeitökonomie und der Takt (ganz im Gegensatz zu der zweiten Wortbedeutung des Begriffes Takt, nämlich Rücksichtnahme und Einfühlungsvermögen) im Widerspruch zu den Bedingungen der natürlichen Umwelt sowie physiologischen und psychischen Bedürfnissen der menschlichen Natur.

Die natürliche Umwelt und die menschliche Natur haben eine andere, lebendige Logik. Diese ist gekennzeichnet durch einen rhythmischen Wechsel von Werden und Vergehen, von Schlafen und Wachen, Arbeiten und Pausen, Anspannung und Entspannung, Produktivität und Regeneration. Der rhythmische Wechsel ist nicht starr, sondern harmonisch. Er ist ein regelmäßig sich wiederholender Ablauf von Bewegungen, der uns eine Orientierung möglich macht. Der rhythmische Wechsel ist nicht künstlich, sondern ein Charakteristikum aller natürlichen und sozialen Systeme. Je stärker wir diese Voraussetzungen missachten und nur noch den Takt zum Maßstab für unseren Umgang mit Zeit machen, desto folgenreicher wird unser verschwenderischer und rücksichtsloser Umgang mit Zeit zurückwirken: auf uns selbst, unsere eigenen menschlichen Kräfte und auf die Ressourcen unserer Umwelt.

Deshalb: werden Sie Takt-los! Werden Sie taktlos zum Takt. Befreien Sie sich von mechanischer Zeitorientierung, von Beschleunigung und Pausenlosigkeit. Und werden Sie ganz und gar taktvoll, rücksichtsvoll und einfühlsam – gegenüber ihrem eigenen natürlichen Rhythmus, ihren physiologischen und psychologischen Bedürfnissen und ihren individuellen Ressourcen beim Umgang mit Zeit. Dieses Buch will Ihnen dazu einige Hilfestellungen und Anregungen geben. Toni Taktlos, der Zeit-Berater, wird Sie dabei begleiten.

Wege zum Zeitwohlstand

Aufgrund der bisherigen Ausführungen werden Sie es schon geahnt haben: Dieses Buch ist kein Zeitmanagement-Ratgeber (auch wenn wir uns mit Zeitmanagement ausführlich auseinandersetzen werden, weil es eine sehr populäre, aber eben auch sehr fragwürdige Problemlösungsstrategie ist). Wenn Sie wissen wollen, wie Sie mehr in kürzerer Zeit schaffen können, dann muss ich Sie enttäuschen. Es ist nicht meine Absicht, das zu vermitteln, unter anderem weil ich genau dieses Motiv und die dahinterliegenden Antriebe für eines der zentralen Probleme beim Umgang mit Zeit halte. Zeitmanagement ist gewissermaßen die Autobahn. Hier werden wir uns mehr mit den holprigen Feldwegen beschäftigen.

Ausgangspunkt meiner Überlegungen ist die Überzeugung, dass die Durchsetzung der Zeitökonomie im Alltag gravierende Probleme schafft. Diese können sowohl zu akuten als auch langfristig zu psychischen und schließlich physiologischen Beeinträchtigungen des individuellen Wohlbefindens führen. Das Versprechen der Zeitökonomie, materiellen Wohlstand zu schaffen, kann nur zu einem hohen Preis eingelöst werden. Immer mehr Menschen leiden unter den Folgen von Zeitdruck, Hetze und Aktivismus. Deshalb ist es falsch, die Probleme, die durch die Zeitökonomie verursacht werden, mit einer zeitökonomischen Optimierung unseres Handelns im Alltag lösen zu wollen, wie dies die Zeitmanagement-Ansätze proklamieren.

Um Zeit-Problemen nachhaltig und wirksam entgegenzusteuern, ist ein Umdenken notwendig: neue, nicht-ökonomische Formen des Umgangs mit Zeit. Dabei muss man sich bewusst sein, dass es schwierig ist, den eigenen Umgang mit Zeit zu verändern. Dem stehen nicht nur die vielen objektiven Zwänge und Beanspruchungen entgegen, denen wir beruflich und privat ausgesetzt sind. Die Regeln der Zeitökonomie haben sich auch als Selbstzwänge in unsere Persönlichkeit eingebrannt.

Das trägt mit dazu bei, dass Zeit-Probleme häufig geleugnet werden. Anstatt das eigene Empfinden in den Mittelpunkt zu rücken, suchen viele höchstens nach Fehlern im eigenen Verhalten, weil sie die selbst und von außen gesteckten Erwartungen nicht erfüllen können. Der erste Schritt, um den individuellen Umgang mit Zeit zu verändern, ist daher, sich das eigene Leiden unter den Folgen der Zeitökonomie einzugestehen. Dazu gehört Mut, weil wir zumeist darauf programmiert worden sind, hohe Ziele zu stecken und den Erwartungen anderer zu genügen. Dem zu widersprechen heißt daher vielleicht auch, gegen den Strom (der Zeit) zu schwimmen. Das irritiert und verunsichert, uns selbst und unsere Umwelt, weil wir anfangen, Selbstverständlichkeiten in Frage zu stellen. Zu einem solchen Schritt gehört, sich die Fremd- und Selbstzwänge bewusst zu machen, die unsere alltägliche Zeitorientierung prägen. Und dazu gehört der Wunsch, wirklich etwas verändern zu wollen. Nur dann stehen wir nicht ohnmächtig vor dem Phänomen der Zeitnot und anderen Zeit-Problemen, sondern können nach Alternativen suchen.

Zeitnot, Stress, die Unfähigkeit, sich seine Zeit selbst einzuteilen, Langeweile – diese Phänomene unseres Umgangs mit Zeit haben gesellschaftliche Ursachen. Der Einzelne ist also nicht schuld, aber betroffen. In diesem Buch sollen Ansätze aufgezeigt werden, Zeit-Problemen individuell entgegenzusteuern. Die Handlungsebene hierfür ist der Alltag. Im Alltag rückt uns die Zeit auf den Leib. Hier wird die Zeit unmittelbar und fühlbar, erlebt und erlitten. Die Alltagszeit ist ein sich historisch und biografisch veränderndes Phänomen. Die Gestaltung der alltäglichen Gegenwart wird von Erfahrungen und Erwartungen beeinflusst. Die Alltagszeit hat jedoch auch eine relative Unabhängigkeit mit einem eigenen Wert. Der Alltag ist vorgeprägt *und* offen. Wir haben Gestaltungsspielräume. Wir haben die Möglichkeit, unseren Umgang mit Zeit zu beeinflussen und Stück für Stück zu verändern (wenn wir dies wollen), auch wenn uns diese Spielräume oft nicht bewusst sind.

Das Buch soll Ihnen dabei helfen, das eigene Verhältnis zur Zeit zu entziffern, sowohl die gesellschaftlichen Ursachen als auch die spezifischen, lebensgeschichtlichen und situativen Hintergründe der eigenen Person zu erkennen. Nur mit dem Bewusstsein, wie wir heute mit Zeit umgehen und warum wir

»Sie brauchen Mut, um gegen den Strom der Zeit zu schwimmen.«

»Machen Sie sich bewusst, warum Sie wie mit Ihrer Zeit umgehen.«

dies so (und nicht anders) tun, können wir erkennen, dass wir den Zwängen nicht hilflos ausgeliefert sind. Dann können wir unser Verhältnis zur Zeit verändern und bewusst mit Zeit umgehen. Außer der objektiven Anforderungssituation spielen also individuelle Eigenarten des Menschen, der biografische Werdegang, bisherige Erfahrungen und schließlich die Einstellung zum Umgang mit Zeit eine wichtige Rolle. Angestrebt wird ein neues, selbst und bewusst gewähltes Verhältnis zur Zeit – mit einer Reduzierung der Belastungen, einer maßvollen Einteilung und Strukturierung der Zeit entsprechend den eigenen Wünschen, Bedürfnissen und Interessen. Die allgemeinen Ziele dabei sind mehr Zufriedenheit, Gelassenheit und Ausgeglichenheit.

Die Wege zum Zeitwohlstand, soviel dürfte klar geworden sein, führen also nicht in erster Linie über eine optimierte Einteilung oder Planung der Zeit. Es geht vielmehr darum, ein Bewusstsein für den eigenen Umgang mit Zeit und Alternativen zu entwickeln. Deshalb liegt hier ein Schwerpunkt darauf zu vermitteln, welche gesellschaftlichen und individuellen Ursachen unser Umgang mit Zeit hat. Im Anschluss daran werden Vorschläge erarbeitet, was man tun kann, um seine Zeit (selbst-)bewusst, belastungsreduzierend, bedürfnis- und interessengerecht einzuteilen, zu nutzen und gelegentlich zwecklos und genussvoll zu verschwenden – für sich selbst und das, was einem wichtig ist. Die Vorschläge sind keine Gebote, sondern Angebote. Es geht hier nicht um eine abstrakte Methodenlehre und neue Pflichten oder Normen, sondern um Anregungen für eine langfristige Einstellungs- und Verhaltensänderung. Veränderung setzt voraus, wirklich etwas ändern zu wollen. Die tatsächliche Umsetzung dieser Veränderung ist ein Prozess. Das heißt, dass diese Veränderung nicht abgeschlossen ist, wenn Sie das Buch zu Ende gelesen haben. Dann geht die »Arbeit« erst richtig los, Schritt für Schritt.

Der hier vertretene Ansatz hat sich entwickelt aus einer mehrjährigen Auseinandersetzung mit Themen der Zeitsoziologie. Daneben habe ich durch viele Beobachtungen in meinem eigenen Alltag und bei Menschen um mich herum Erkenntnisse gewonnen. Aus der kritischen Auseinandersetzung mit den Regeln und Methoden des Zeitmanagements (vgl. Seiwert 1997 und 1997a) sowie der Beschäftigung mit alternativen Ansätzen der Zeitberatung (s. Plattner 1992 und 1993) habe ich angefangen, über Wege zum Zeitwohlstand nachzudenken und Grundsätze für einen bewussten Umgang mit Zeit zu entwickeln. Geprägt sind diese Gedanken auch durch gegenläufige Lebenskonzepte, wie zum Beispiel von den so genannten Zeitpionieren (s. Hörning/Gerhard/Michailow 1991), und durch neue Modelle der Zeitorientierung, wie sie im Tutzinger Projekt »Ökologie der Zeit« entwickelt worden sind (vgl. Held/Geißler 1993 und Held/Geißler 1995).

Zusammenfassend und ergänzend will ich diesen Ansatz thesenartig den weiteren Ausführungen in diesem Buch voranstellen:

❖ Um den eigenen Umgang mit Zeit zu verändern, muss man *Zeit-Probleme als solche erkennen und anerkennen.*

❖ Individuelle Zeit-Probleme haben im Wesentlichen *gesellschaftliche Ursachen.* Die gesellschaftlichen Hintergründe muss man verstehen, um zu begreifen, dass der Einzelne zwar betroffen, aber nicht schuldig ist (und daher auch nicht Gründe für seine Zeitnot in seinem »Versagen« oder ähnlichem suchen sollte).

❖ Der Schlüssel zu einem bedürfnisgerechten Umgang mit Zeit heißt *nicht Rationalisierung* (wie beim Zeitmanagement), *sondern Sensibilisierung.*

❖ Zeitwohlstand ergibt sich *nicht* durch *das strikte Befolgen einer abstrakten Methodenlehre.* Vielmehr muss die gesamte Persönlichkeit berücksichtigt werden.

❖ Die *gesamte Persönlichkeit* umfasst: die Lebensgeschichte, Erfahrungen, Normen und Werteinstellungen, Belastungen, Beziehungen, die aktuelle Lebenssituation, Wünsche und Bedürfnisse sowie individuelle, realistische Ziele.

❖ Jeder Ratgeber kann daher nur Anregung und Hilfestellung sein, um *den eigenen Weg* zu finden.

❖ Somit ist das Ziel »*Zeitwohlstand« keine abstrakte Kategorie.* Was Zeitwohlstand im Einzelnen bedeutet und wie man dorthin kommt, das muss jeder und jede für sich allein entscheiden.

❖ Die *Veränderung* beim Umgang mit Zeit *ist ein Prozess.* Veränderung heißt, wirklich etwas verändern zu wollen. Prozess bedeutet, dass diese Veränderung selbst Zeit braucht.

❖ Die *Umsetzung ist das Wichtigste* (und Schwierigste). Glauben Sie nicht, dass Sie Ihre Zeit-Probleme gelöst haben, wenn Sie das Buch durchgelesen haben. Dann geht es erst richtig los. Es ist ein Irrtum zu glauben, dass man seine Zeit-Probleme in einem Ein-Tages-Power-Seminar oder ähnlichem lösen kann (wie Anbieter von Zeitmanagement-Seminaren gerne versprechen).

❖ Ebenso sind *Konsequenz und Selbstdisziplin nicht ratsam* (dazu werde ich Ihnen auch nicht raten). Eher das Gegenteil: Wenn es wichtig ist, Belastungen zu reduzieren, dann empfiehlt es sich, sich *so wenig Druck wie möglich* zu machen, auch für die Veränderung des Umgangs mit Zeit.

Übung: Was ist Zeit?

Erinnern Sie sich noch an das Zitat von Augustinus? »Was also ist Zeit? Wenn niemand mich danach fragt, weiß ich es. Wenn mich aber jemand danach fragt, dann weiß ich es nicht.«

Stellen Sie sich bitte die gleiche Frage. Da es auf dem Weg zum Zeitwohlstand weniger um soziologische Präzision, sondern vor allem darum geht, sich das eigene Verhältnis zur Zeit bewusst zu machen, können Sie für einen kurzen Moment Norbert Elias wieder vergessen. Versuchen Sie eine kurze Definition: Was ist Zeit (für Sie persönlich)?

_____

_____

_____

_____

_____

Die gesellschaftlichen Ursachen der Zeit-Probleme

Zeit als Resultat eines Lernprozesses

Vieles, was wir tun, halten wir für selbstverständlich. Wir rasieren uns, wir essen mit Messer und Gabel, wir gehen nicht nackt auf die Straße, wir schütteln uns zur Begrüßung die Hände. Niemand würde das in Frage stellen. In der Regel können wir uns auch nicht vorstellen, dass es anders sein könnte.

Etwas ähnliches gilt für den Umgang mit Zeit. Wenn wir einen Termin haben, bemühen wir uns, pünktlich zu sein. Wir schauen häufig auf die Uhr, um zu wissen, wie spät es ist. Das versteht sich von selbst. Von selbst? In Wirklichkeit ist alles, was wir tun, das Ergebnis eines langen Prozesses von Lernen und Erfahrung. Die, von denen wir es lernen, haben es gleichfalls gelernt, usw. Man könnte provokant sagen: Nichts ist wirklich selbstverständlich. Deshalb ist es wichtig, die gesellschaftlichen Ursachen der Zeit-Probleme zu verstehen. Zeit-Probleme fallen nicht vom Himmel. Sie entspringen auch selten unserer Natur. Eine Geschichte von Norbert Elias macht eindringlich darauf aufmerksam:

>*»Ich las einmal die Geschichte einer Gruppe von Menschen, die in einem unbekannten, sehr hohen Turm immer höher stiegen. Die ersten Generationen drangen bis zum fünften Stock vor, die zweiten bis zum siebten, die dritten bis zum zehnten. Im Laufe der Zeit gelangten die Nachkommen in das hundertste Stockwerk. Dann brach das Treppenhaus ein. Die Menschen richteten sich im hundertsten Stockwerk ein. Sie vergaßen im Laufe der Zeit, dass ihre Ahnen je auf unteren Stockwerken gelebt hatten und wie sie auf das hundertste Stockwerk heraufgelangt waren. Sie sahen die Welt und sich selbst aus der Perspektive des hundertsten Stockwerks, ohne zu wissen, wie Menschen dahin gelangt waren. Ja, sie hielten sogar die Vorstellungen, die sie sich aus der Perspektive ihres Stockwerks machten, für allgemein menschliche Vorstellungen.*
>
>*Das vergebliche Bemühen um die Lösung eines im Grunde so einfachen Problems wie des Zeitproblems ist ein gutes Beispiel für die Folgen des Vergessens der gesellschaftlichen Vergangenheit. Wenn man sich ihrer erinnert, entdeckt man sich selbst.«* (Elias 1984, S. 115f.)

Wir haben, was den Umgang mit Zeit betrifft, eine Menge vergessen. Nur sind wir uns dessen nicht bewusst. Wenn wir uns die Frage stellen: Was ist eigentlich selbstverständlich und was nicht, dann müssen wir uns vor diesem Hintergrund eingestehen: Nichts. Unser Verweis auf Selbstverständlichkeiten ist das Resultat einer kollektiven Vergesslichkeit. Wir haben kaum Vorstellungen davon, wie es früher einmal war.

Elias benutzt an einer anderen Stelle das Bild einer am Anfang (der Menschheitsentwicklung) stehenden Gruppe von Menschen (s. Elias 1982, S. 845). Ihnen sind Begriffe fremd, mit denen sie gegenseitig kommunizieren können, um Dinge zu bezeichnen. Diese unschuldige Begriffslosigkeit hat auch keinen Ausdruck für das, was wir heute die »Zeit« nennen. Erst im Laufe der Entwicklung, über viele Generationen hinweg, entwickelt sich Stück für Stück eine Vorstellung von der Zeitlichkeit des Handelns und der Ereignisse. Nach und nach werden Methoden und Regeln aufgestellt, nach denen die Zeit handhabbar gemacht wird: messbar, vergleichbar, nutzbar als Mittel der Abstimmung von menschlichen Handlungen.

Elias nennt seinen Ansatz Wissenssoziologie. In diesem speziellen Fall geht es um das Wissen von Zeit, das er als Resultat eines generationenübergreifenden Lernprozesses interpretiert. Dabei hat das Wissen von Zeit immer auch und vor allem eine gesellschaftliche Aufgabe. Hieraus resultiert die im Einleitungskapitel referierte Definition von Zeit. Zur Erinnerung: Zeit ist nach Elias das Symbol für eine Beziehung (zwischen Menschen und Handlungen). Die soziale, also gesellschaftliche Funktion des Symbols Zeit ist Koordination. Er betont, dass Menschen am Anfang nicht mehr besitzen als nur die prinzipielle Fähigkeit zur Synthese, also die gedankliche Verknüpfung von Dingen. Die Ordnung von Ereignissen in *zeitlichen* Kategorien (früher – später) ist bereits eine spezifische, weiterentwickelte Fähigkeit, zu der nur Menschen fähig sind. Je stärker sich diese Fähigkeit in einem Lernprozess weiterentwickelt, desto differenzierter wird das Instrumentarium, mit dem Zeit gemessen, verglichen und organisiert wird. Das hängt von der gesellschaftlichen Entwicklung ab. Je komplexer und differenzierter eine Gesellschaft wird, desto komplexer und differenzierter werden die Methoden der Zeitbestimmung. Zeitstrukturierung und Zeiterfahrung sind also sozial gemacht entsprechend den jeweiligen gesellschaftlichen Erfordernissen der Zeitorganisation, -einteilung und -messung.

»Nichts ist selbstverständlich, auch nicht unser Umgang mit Zeit.«

Zeit-Dimensionen

In der fachlichen Diskussion werden verschiedene Dimensionen der Zeit unterschieden:

❖ **Die physikalische Zeit.**
Hierzu wurde in der Einleitung bereits einiges ausgeführt.
❖ **Die psychologische Zeit.**
Hiermit wird das innere Zeitempfinden von Personen bezeichnet, also das Erleben, Erinnern oder Erwarten. Das Zeitempfinden ist stark abhängig von dem Inhalt der Ereignisse oder von Handlungen in der Zeit. Ausprägungen der psychologischen Zeit sind Ruhe und Bewegung, Erholung und Stress, Anspannung und Entspannung, Leere und Erfülltheit, Monotonie und Wechsel (dies hat eine wichtige Bedeutung für das Erleben der Geschwindigkeit), langsames und schnelles Vergehen der Zeit entsprechend auch der subjektiven Bewertung von Ereignissen und Handlungen. Letzteres beeinflusst auch die Intensität (Aufmerksamkeit) bzw. Extensivität (Ereignisvielfalt) des Zeiterlebens.
❖ **Die biologische Zeit.**
Sie bezeichnet die biologischen Rhythmen des Organismus und der belebten Umwelt. Bekannte Phänomene, die hierunter zu fassen sind, sind die Menstruationsperiode der Frau, die Jahreszeiten, die Tagesperiodik biologischer Funktionen (vor allem der Wechsel leistungsstarker und leistungsschwacher Phasen, besser bekannt als Bio-Rhythmus) oder, korrespondierend mit dem Tag-Nacht-Wechsel der Natur, der Schlaf-Wach-Rhythmus des menschlichen Körpers. Dieser variiert übrigens individuell und beträgt im Durchschnitt circa 25 Stunden, wenn man ihn von äußeren Einflüssen wie dem Tag-Nacht-Wechsel isoliert. 24 Stunden sind nur eine Annäherung. Die biologische Zeit des Körpers passt sich also an eine Reihe sozialer und natürlicher Zeitgeber an. Dazu gehören zum Beispiel der Wechsel von Arbeit und Freizeit oder von Hell und Dunkel.
❖ **Die astronomische Zeit.**
Hierzu gehören die Zeitstrukturen der Bewegungen von Himmelskörpern wie Sonne und Mond. An ihnen orientiert sich auch die soziale Zeiteinteilung, wie sie sich insbesondere in der kalendarischen Zeitrechnung zeigt. Als Beispiele seien das Jahr, der Monat oder der Tag genannt. Diese sozialen Zeit-Kategorien sind letztlich aber nur eine Annäherung an die astronomischen Zeitvorgaben. Die Schaltjahre sind ein Beispiel für die notwendige Präzisierung dieser Anpassungen an die astronomische Zeit.

❖ **Die soziale Zeit.**
Diese Dimension verweist auf den unmittelbaren Zusammenhang von Zeit und Menschen bzw. sozialer Gebilde wie Gesellschaften. Sie ist das Thema der Soziologie und der Sozialwissenschaften. Im engeren Sinne erfasst die soziale Zeit die soziale Funktion der Zeit in einer Gesellschaft, also vor allem die Koordination. Im weiteren Sinne ist die soziale Dimension der Zeit aber auch eine allen anderen vorgelagerte Dimension. Das Erfassen der Zeitlichkeit von Abläufen in zeitlichen Kategorien entspringt bereits menschlichen Handlungen. Das heißt: Ohne die Menschen und ihre bewusste Entscheidung, sich mit Fragen der Zeit aus verschiedenen Blickwinkeln zu beschäftigen, sie zum Gegenstand der natur-, geistes- oder sozialwissenschaftlichen Aneignung von Zeit-Phänomenen zu machen, gibt es keine psychologische, biologische, astronomische oder physikalische Zeitdimension.

Die letzte Bemerkung behandelt natürlich eine eher akademische Frage, für die wir unsere Zeit nicht weiter opfern wollen. Die soziale Dimension der Zeit im Sinne ihrer Funktion für gesellschaftliches und individuelles Handeln ist dagegen äußerst praxisrelevant.

Merkmale sozialer Zeit

Soziale Zeit hat verschiedene Merkmale, die sich aus den bisher beschriebenen Aspekten ableiten lassen. Diese Merkmale machen soziale Zeit in ihrer je spezifischen Erscheinung zu etwas Unterscheidbarem. Die zentralen Merkmale sind:

❖ **Soziale Koordination bzw. Synchronisation.**
Das ist die Funktion sozialer Zeit in Gesellschaften. Zeit koordiniert Ereignisse und Handlungen verschiedener Menschen. Diese allgemeine Funktion kann sehr unterschiedliche Formen annehmen. Es gibt zum Beispiel Zeitvorgaben, die sich nicht direkt an bestimmte Personen richten, wie der Beginn der Tagesschau um 20 Uhr. Wer will, kann teilnehmen (zuschauen) oder es lassen. Synchronisation kann auch durch Anordnung erfolgen, beispielsweise die Festlegung eines Termins durch den Chef, eine Behörde oder Ähnliches. Schließlich kann Synchronisation auch durch Aushandlung von zwei oder mehreren Gleichberechtigten erfolgen. Das typische Beispiel wäre die Verabredung zum Bier mit einem Freund.

❖ **Inhalte.**
Soziale Zeit ist an Inhalte geknüpft. Diese Inhalte selbst sind sozial in dem Sinne, dass sie von Menschen gemacht oder gewählt sind. Solche Inhalte sind bestimmte Handlungen oder auch Nicht-Handlungen, Ereignisse und Vorgänge.

❖ **Qualität.**
Dieses Merkmal sozialer Zeit betrifft das Zeiterleben. Soziale Zeit hat eine spezifische (subjektive) Qualität. Das entsprechende Zeiterleben wiederum hängt stark ab vom Inhalt einerseits, von der subjektiven Erfahrung, innerlichen Verarbeitung, Erinnerung, Erwartung usw. andererseits. Eine Stunde Warten beim Zahnarzt hat einen anderen Inhalt und eine andere Qualität als eine Stunde Spielen mit den Kindern.

❖ **Soziale Konstruiertheit.**
Aus der Verknüpfung von Menschen mit Zeit ergibt sich, dass Zeit sozial gemacht ist. Zeitmessung und unser Umgang mit Zeit sind sozialhistorisch gewachsen. Die Maßstäbe und Prinzipien werden entsprechend den gesellschaftlichen Erfordernissen immer wieder reproduziert. Wenn das so ist, dann ist, wie bereits gesagt, nichts selbstverständlich. Alle Zeit-Regeln sind veränderbar, auch wenn dies mit Konsequenzen verbunden ist. Aber es ist auf jeden Fall prinzipiell möglich. Zeit ist kein Schicksal.

Sie mögen mir diesen und einige weitere Umwege auf den Wegen zum Zeitwohlstand nachsehen. Sie machen ihren Sinn in dem Konzept, ein Bewusstsein für den eigenen Umgang mit Zeit zu schaffen, um überhaupt Veränderungen anstreben zu können. Dazu muss man gelegentlich den Selbstverständlichkeiten einen Spiegel vorhalten. Dazu muss man bisweilen auch eine andere Perspektive auf die Dinge einnehmen, indem man sich Interpretationen stellt. Nur mit dem Bewusstsein, was man tut, kann man danach fragen, warum man es tut. Und nur mit dem Bewusstsein, warum man es tut, kann man fragen, wie man es anders machen könnte.

Im Rahmen der genannten Merkmale hat soziale Zeit bestimmte Muster entwickelt, generalisierte Verhaltensstile gewissermaßen. Gesellschaftlich stellen sich solche Zeit-Muster oder Konventionen vor allem in Zeitnormen und in strukturierten Zeitvorgaben dar. Auch individuell lassen sich soziale Zeit-Muster zum Beispiel bei Routinen feststellen. Soziale Zeit entwickelt aber auch Widersprüche, weil der Umgang mit Zeit in bestimmten Mustern Reaktionen der betroffenen Menschen hervorruft. Diese Widersprüche entwickeln sich nicht zuletzt aufgrund der Belastungen, die von unserer Zeitordnung ausgehen.

Zusammenfassend lässt sich sagen, dass Zeit für den einzelnen Menschen ein Mittel der individuellen Lebensgestaltung und Synchronisation des Individuums mit seiner Umwelt ist. Dabei wirken verschiedene Faktoren in einem Beziehungsgeflecht auf die individuelle Zeitgestaltung ein. In dem folgenden Schaubild sind die wichtigsten Faktoren dargestellt, wobei die Gesellschaft auf ihrer jeweiligen Entwicklungsstufe gewissermaßen den Rahmen von Normen und Strukturen absteckt, innerhalb dessen sich das Individuum bei der Zeitgestaltung mit seiner Umwelt auseinanderzusetzen hat:

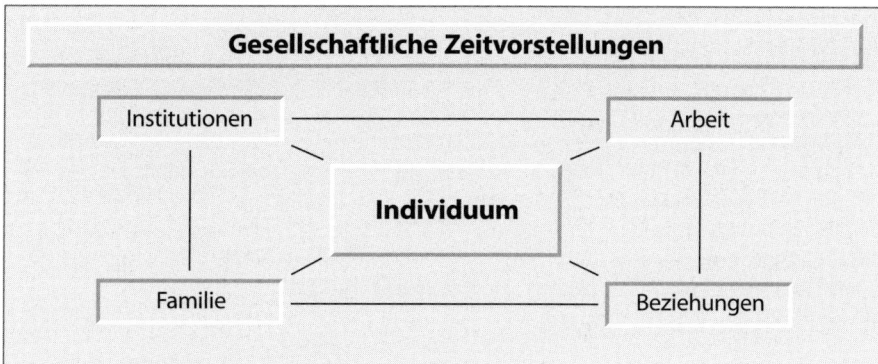

Übung: Alles hat seine Zeit!

Das Sprichwort, dass alles seine Zeit habe, hat reale Vorbilder in unserem Alltag. An diesen unterschiedlichen Zeiten lassen sich auch die Merkmale sozialer Zeit festmachen. Ein Beispiel: Abfahrtszeit. Die Abfahrtszeit hat die soziale Funktion, Menschen und Transportmittel zu koordinieren. Zur Abfahrtszeit tut man etwas Bestimmtes (man besteigt zum Beispiel einen Zug). Diese Abfahrtszeit hat eine bestimmte subjektive Qualität. Es ist die Zeit des Abschieds (am Bahnsteig) oder der Vorfreude auf das Ziel. Abfahrtszeiten sind auch soziale Konstruktionen, da (wie heute) mit Hilfe von minutiösen Abfahrtsplänen der Bahnverkehr koordiniert wird.

Überlegen Sie sich weitere Beispiele für Zeiten mit konkreten Merkmalen (zum Beispiel Arbeitszeit)!

_____

_____

_____

Übung: Zeit-Wörter und Sprüche

Unsere Sprache ist durchsetzt mit Zeit-Begriffen, auch wenn wir uns dessen häufig gar nicht bewusst sind, sondern diese Begriffe eben wie selbstverständlich verwenden. Die Allgegenwart der Zeit in der Sprache repräsentiert die Allgegenwart der Zeit im Alltag und in unserem Denken. Zu diesen Zeit-Begriffen gehören unbestimmte und bestimmte, konkrete und abstrakte Zeitangaben. Dazu gehören auch Vergegenständlichungen (zum Beispiel die Uhr) oder Raum-Analogien der Zeit (wie zum Beispiel Zahlen als Maßangabe). Wir besitzen also durchaus ein differenziertes Instrumentarium zur sprachlichen Erfassung der Zeit. Aber wir nutzen diese Mittel nur bewusst-los, in der Sprache wie auch im Denken.

Nehmen Sie sich einmal die Zeit und sammeln Sie alle Wörter, die einen zeitlichen Bezug haben, oder auch Sprüche/Sprichwörter, um sich die Durchdringung unserer Sprache und unseres Denkens mit Zeit-Kategorien zu vergegenwärtigen! Diese Liste wird vielleicht nie fertig. Sie können sie natürlich jederzeit ergänzen, wenn Ihnen weitere Begriffe oder Sprüche einfallen oder begegnen.

Einige Beispiele als Anregung: Augenblick, heute, sofort, Termin, Februar, was du heute kannst besorgen, das verschiebe nicht auf morgen.

_____

_____

_____

Suchen Sie bitte anschließend aus Ihrer Liste aus:

a) Drei Begriffe, die die Zeit in unserer Gesellschaft prägen:

_____

_____

b) Drei Begriffe, die die Zeit in Ihrem eigenen Leben prägen:

_____

_____

Ökonomie der Zeit: Zeit ist Geld

Es ist nun ausreichend herausgearbeitet worden, *dass* unser Umgang mit Zeit gesellschaftlich geprägt ist. Nun gilt es zu bestimmen, *welche* Prinzipien in unserer Gesellschaft gelten, wie mir mit Zeit umgehen sollen und wodurch diese Prinzipien geschaffen werden. Als erstes sollen hier zwei Prinzipien diskutiert werden, die einen hohen Stellenwert (und ein zweifelhaftes Ansehen) genießen. Zum einen meine ich damit Beschleunigung, zum anderen die Norm, Zeit zu nutzen und sie nicht zu verschwenden.

Was ist der Hintergrund dieser Prinzipien für unseren Umgang mit Zeit? Arbeit und Leben in modernen Gesellschaften werden beherrscht vom Diktat der Zeitökonomie. Karl Marx (1953, S. 89) hatte sie als das Wesen der Ökonomie bezeichnet: »*Ökonomie der Zeit, darein löst sich alle Ökonomie auf*«. Ihren Grundsatz hat Benjamin Franklin in einem geflügelten Wort so formuliert: *Zeit ist Geld*. Diese Gleichsetzung von Zeit und Geld hatte Folgen.

»Zeit ist Geld – das hat Folgen: Beschleunigung und Pausenlosigkeit.«

Die Normen der Zeitökonomie

Früher war die Befriedigung von Bedürfnissen das Ziel des Wirtschaftens. Dieses Ziel war gleichzeitig die Begrenzung wirtschaftlicher Tätigkeit. Seit der Industrialisierung ist Geld der Zweck der Wirtschaft. Das Streben nach Geld ist jedoch maßlos. Wir können immer noch mehr Geld anhäufen. Daher ist auch unser Umgang mit Zeit maßlos geworden. Die Zeitökonomie kennt keine Grenzen. Zeitökonomische Normen prägen unser Handeln im Beruf und in der Freizeit, aber auch in Zeiten, die am Rand des gesellschaftlichen Lebens verbracht werden, bei Arbeitslosigkeit oder im Ruhestand. Optimierte Zeitplanung, permanente Zeitnutzung und Beschleunigung sind zu Lebensmaximen geworden. Zeit verlieren oder gar verschwenden gilt als unökonomisch. Deshalb ist Müßiggang aller Laster Anfang.

Die Normen der Zeitökonomie sind die Normen einer Arbeitsgesellschaft, in der Erwerbsarbeit eine hohe Wertschätzung genießt. Entsprechend dominieren bei uns als Werte dieser modernen Arbeitsgesellschaft: Leistung, Konkurrenz, Ehrgeiz und Berufsorientierung. *Ohne Fleiß kein Preis.* Und ein anderes, der Bibel entlehntes Sprichwort (2. Brief an die Thessalonicher 3,10) mahnt: *Wer nicht arbeiten will, soll auch nicht essen.* Paradoxerweise haben gerade die Menschen, die viel und permanent arbeiten, oft nicht die Zeit zum Essen, zumindest nicht genussvoll und in Ruhe. Längst sind die Normen der Zeitökonomie und der Arbeitsgesellschaft in alle anderen Lebensbereiche eingedrungen. Längst ist auch die erzwungene Disziplinierung in Schulen, Fabriken oder Arbeitshäusern (wie dies vor allem im 19. Jahrhundert üblich war) überflüssig geworden. Wir haben die Normen der Zeitökonomie inzwischen verinnerlicht.

Carpe diem. Dieses lateinische Sprichwort kann man durchaus in einem qualitativen Sinne sehen als Aufforderung, etwas Sinnvolles zu tun. Unter den Bedingungen der Zeitökonomie ist diese Aufforderung ihrer Sinnhaftigkeit entleert worden. Nun heißt es: Nutze den Tag – egal wie, womit oder wofür. Gesellschaftlich akzeptierte Formen der Zeitnutzung sind vor allem Arbeit und Konsum. Hauptsache: keine Zeit verschwenden oder verlieren. Muße wäre Zeitverschwendung. Nichtstun (ohne zu konsumieren) würde bedeuten: Dem lieben Gott einen langen Tag stehlen. Nein, das Motto heißt: Nutze die Zeit, und das möglichst schnell und schneller, denn schneller ist besser. Dalli-Dalli ist das Motto in der Schule und im Beruf, bei der Hausarbeit und in der Freizeit, beim Sport oder in der Zeit zwischen der Fülle unserer Termine und Verabredungen. So schnaufen wir mit Hermann van Veen: »*Schnell weg da, weg da, weg. Mach Platz, sonst gibt's noch Streit. Wir sind spät dran und haben keine Zeit.*« Inzwischen gibt es zum Beispiel eine Praxis für Speed-reading oder Turbo-Lesen. Großmeister der beschleunigten Informationsaufnahme (von einer gedanklichen Auseinandersetzung mit dem so »Gelesenen«, also einer kritischen Informationsverarbeitung, ist nicht die Rede) schaffen das Bürgerliche Gesetzbuch in 45 Minuten, die Bibel in zwei Stunden und den dreiseitigen Liebesbrief in sechs Sekunden. Möglicherweise nimmt diese Technik der Lektüre zwar den sinnlichen Genuss. Dafür lesen wir effizient und möglichst viel.

Gesamtgesellschaftlich führt die Beschleunigungsspirale für viele zum ungewollten Stillstand. Anstrengungen zur Beschleunigung in der Wirtschaft haben zu einer Steigerung der Produktivität geführt, die immer mehr Menschen in der Arbeitswelt überflüssig macht. Doch nicht der Stillstand an sich ist für die Betroffenen das Problem, sondern die hohe Wertschätzung der Arbeit und die Identitätsbildung durch Arbeit. Die individuellen Zwangspausen in der Arbeitslosigkeit sind eine gravierende Folge gesellschaftlicher Beschleunigungsprozesse.

Archaische und vorkapitalistische Zeitvorstellungen

Für das Verständnis unseres Umgangs mit Zeit ist es hilfreich, einen Blick über den Tellerrand unserer beschränkten (zeitlichen und räumlichen) Grenzen zu werfen. Rainer Zoll zieht hierfür einige Beispiele aus der ethnologischen und historischen Forschung heran (für die folgende Darstellung vgl. Zoll 1988a). Im Vergleich wird deutlich, wie wenig selbstverständlich unsere Zeitkultur ist, zumindest wenn wir die Bescheidenheit aufbringen, uns und unsere Kultur nicht als das Maß aller Dinge zu sehen.

Für das Volk der Nuer im Sudan sind die Bezüge ihrer Handlungen die Handlungen selbst. Die Bewohner der Trobriand-Inseln in der Südsee bestimmen die Zeit nach der Ernte. Weit entfernt von der Messung abstrakter Größen wie Sekunden oder gar Tausendstelsekunden ist diese Form der Zeitbestimmung ereignis- und aufgabenorientiert. Handlungen wie zum Beispiel Schneiden oder Pflanzen übernehmen die Funktion der Zeitangabe. Die Tiv in Nigeria orientieren sich dagegen an den Markttagen. Auch diese Zeitbestimmung ist ereignisorientiert. Begriffe wie »ar« bei den Germanen signalisieren, dass das »Jahr« verbunden ist mit der Ernte. Auch wir haben also Begriffe übernommen, die ursprünglich mit einem konkreten Bedeutungsinhalt verbunden waren.

Es ist aber nicht nur die Ereignisorientierung, die unsere moderne Gesellschaft von archaischen und vorkapitalistischen Gesellschaften unterscheidet. Kennzeichnend für sie ist auch die Zyklizität in ihren Zeitvorstellungen. Das ist die Orientierung an wiederkehrenden Ereignissen, sowohl in der Natur als auch im sozialen Leben. Charakteristisch hierfür ist der Rhythmus von Werden und Vergehen, wie bei den Jahreszeiten oder der Ernte.

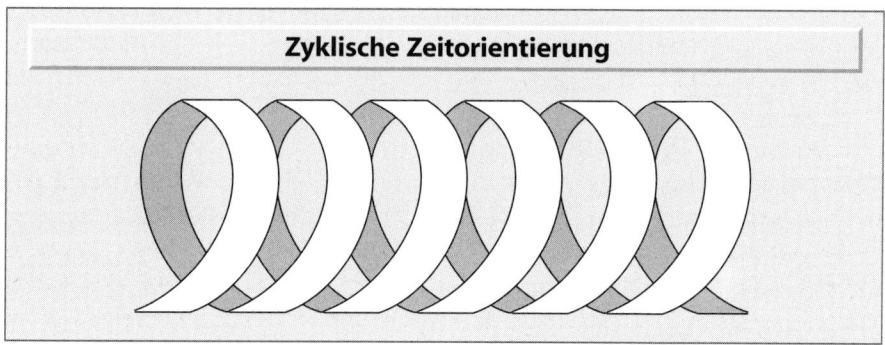

Zyklische Zeitorientierung

In einem engen Zusammenhang mit der Zeitkultur steht die Wirtschaftsweise einer Gesellschaft. Charakteristisch für Zeitkulturen mit zyklischer Zeitorientierung ist die Subsistenzökonomie. Dieser Begriff bedeutet so viel wie die Produktion zur Bedürfnisbefriedigung, also für den eigenen Bedarf, vor allem in der Landwirtschaft. Es wird nur so viel hergestellt bzw. durch Tausch beschafft, wie man (ver-)braucht. Es werden also keine Waren für einen anonymen Markt produziert, um Gewinn zu erzielen. Sofern gehandelt wird, dann wird Ware gegen Geld eingetauscht, um dafür eine andere Ware für den eigenen Bedarf zu kaufen, aber eben nur so viel, wie für den eigenen Bedarf benötigt wird. Ein Beispiel wäre ein Tischler, der einen Stuhl baut, ihn verkauft und für das Geld Nahrungsmittel für den eigenen Lebensbedarf kauft. Der Kern dieser Logik ist (im Gegensatz zu der bei uns heute dominierenden Logik), dass der Tischler keinen weiteren Stuhl mehr baut (zumindest für einen bestimmten Zeitraum), wenn er genügend Stühle zum Verkauf gebaut hat, von deren Erlös er die für ihn notwendigen Lebensmittel kaufen kann.

Unter den Bedingungen einer Subsistenzökonomie bilden sich andere Einstellungen zur Zeitnutzung und Zeitmessung heraus, als wir es gewohnt sind. Rainer Zoll berichtet über das Beispiel der kabylischen Bauern in Algerien. Ihr Ziel ist es nicht, die Zeit zu beherrschen, sie zu sparen. Bei ihnen lässt sich vielmehr eine Gleichgültigkeit gegenüber der Zeit als lebensbestimmendem Orientierungsprinzip feststellen. Für sie ist Eile ein Zeichen teuflischen Ehrgeizes. Es gibt keine festen Termine für Mahlzeiten oder andere Verrichtungen. Als Zeitbezeichnungen sind Naturbeschreibungen geeignet (»sobald sich der Himmel gerötet hat«, »sobald die Sonne die Erde berührt«). Die Zeit jenseits der Gegenwart ist eine imaginäre Welt. Sie ist nicht erfahrbar und daher irrelevant. Die Handlungen sind nicht auf Ziele in der Zukunft ausgerichtet. Das Leben findet (nur) in der Gegenwart statt. Wenn man diese Zeitvorstellungen mit unseren vergleicht, dann darf an dieser Stelle schon einmal die Frage erlaubt sein: Welche Zeitvorstellung ist sinnvoller? Welche Zeitvorstellung ist eigentlich ein Fortschritt?

Dem Prinzip nach ähnlich den archaischen Zeitvorstellungen sind die der mittelalterlichen Bauern und Handwerker. Auch sie orientieren sich vor allem an den klimatischen Bedingungen der Jahreszeiten, an den Wachstumsperioden der Natur, an den Gezeiten. Kurz gesagt: Natürliche Rhythmen bestimmen den Lebensrhythmus der mittelalterlichen Bauern und Handwerker. Auch sie haben eine aufgabenbezogene Zeitorientierung. Unter diesen Bedingungen konnte noch kein Bedürfnis nach einer objektivierten, abstrakten Zeitmessung entstehen. Die mittelalterlichen Hauswirtschaften produzierten nur für sich selbst. Oder sie produzierten Waren, die sie verkauften, um davon Lebensmittel und anderen Dinge für den eigenen unmittelbaren Lebensunterhalt zu kaufen. Sie produzierten für keinen (heute so hochgelobten) »Markt«. Wenn sie über ihren eigenen Bedarf hinaus produzierten, dann für ihren jeweiligen Feudalherrn, um die Feudalabgaben zu entrichten. Auch dessen Bedarf war jedoch nicht profit-, sondern statusorientiert. Das Prinzip war also nicht maßloser Gewinn, sondern maßvolle Bedürfnisbefriedigung. Es gab keinen Bedarf für Mehrarbeit über die eigenen unmittelbaren Bedürfnisse und Abgaben hinaus.

Die Regeln der neuen Zeitökonomie

Diese Einstellung zur Zeit und den Umgang mit ihr änderte sich mit dem Übergang zur modernen Gesellschaft. Früher produzierte das Handwerk auf Bestellung mit unmittelbarem Kontakt zum Kunden. Langsam wandelte sich dieses Verhältnis. Immer öfter wurde nicht mehr für einen konkreten, persönlich bekannten Kunden produziert, sondern für einen zunehmend anonymeren Markt. Zwischenhändler betraten die Bühne wirtschaftlicher Betätigung. Besonders deutlich wird dies im so genannten Verlagssystem, einer Periode im Übergang von der feudalen zur kapitalistischen Gesellschaft. Der Verleger liefert Rohstoffe an die Hauswirtschaften (zum Beispiel Garn). Dort wird der Rohstoff weiterverarbeitet und als Halbfertigware (zum Beispiel Tuch) oder Fertigware (zum Beispiel Kleider) an den Verleger zurückgegeben. Dieser holt die verarbeiteten Produkte wieder ab und verkauft sie auf dem Markt. Bei dieser frühen Form der Heimarbeit hat bereits ein grundlegender Wechsel der Logik stattgefunden. Der Verleger (der vorab Geld besitzen muss), kauft Ware, um sie, nach der Weiterverarbeitung, wieder zu verkaufen. Der Zweck seiner wirtschaftlichen Tätigkeit ist also bereits Geld und nicht mehr nur die Befriedigung seiner unmittelbaren Bedürfnisse. Außerdem zieht hier bereits ein Element der Zeitökonomie in die Wirtschaft ein. Zwar produziert der Heimarbeiter weiterhin zeitlich autonom, da er selber festlegt, wann und wie lange er arbeitet. Allerdings kann der Verleger schon in diesem System über die Stücklöhne Einfluss nehmen auf die Lohnhöhe und so den Heimarbeiter unter Zeitdruck setzen, selbst wenn dieser weiterhin nur bis zur Befriedigung seines unmittelbaren persönlichen Bedarfs produzieren will.

Die Zeitökonomie und ihre Prinzipien setzen sich schließlich mit dem Übergang zum Kapitalismus als Maßstäbe wirtschaftlichen Handelns und bald auch darüber hinaus durch. Entscheidend hierfür ist der Wechsel der ökonomischen Logik. War früher das Ziel, die Bedürfnisse zu befriedigen als

Endzweck wirtschaftlichen Handelns, so wird nun Geld bzw. Gewinn das Ziel ökonomischer Betätigung. Geld als Ziel kennt jedoch keine Grenzen. Es ist Selbstzweck.

Der Kaufmann operiert bereits mit Kapital. Er setzt Geld ein, um Waren dafür zu kaufen, die er möglichst teurer wieder verkauft. Sein Ziel ist, am Ende mehr Geld herauszubekommen als er am Anfang des wirtschaftlichen Prozesses hineingesteckt hat. In diesem Zusammenhang setzt sich die Buchhaltung mit ihren abstrakten Zahlen durch. Damit einher geht der Siegeszug der abstrakten, quantifizierten Zeitmessung. Als Wertmaßstab setzt sich die abstrakte Uhrzeit durch. Sie wird zum Maßstab der Zeit überhaupt. Damit verliert auch die zyklische Zeitvorstellung ihre Bedeutung. Denn es geht nicht mehr um ein Leben im Hier und Jetzt, für die Gegenwart. Prägend für das Lebensgefühl ist auch nicht mehr der Rhythmus von Werden und Vergehen, der Kreislauf der Natur. Was sich durchsetzt, ist eine lineare Zeitvorstellung. Das Handeln wird auf Ziele in der Zukunft ausgerichtet. Das oberste Ziel ist die Vermehrung von Geld.

Wirtschaftliche Vorgänge werden zeitlich gemessen. Zeit bekommt unter diesen Bedingungen einen eigenen Wert, der in Geld berechnet wird. Hier liegt die Verbindung von Zeit und Geld – oder, wie Benjamin Franklin es ausdrückte: Zeit ist Geld. Die neue ökonomische Zeitvorstellung greift auf die Produktion über. Während die Arbeit früher in Eigenregie (und mit Zeitautonomie) ausgeführt wurde, wird sie jetzt unter dem Dach des Kapitalisten geleistet. Die Fremdbestimmung der Zeit ist eine der wichtigsten Zeiterfahrungen unter der neuen Zeitökonomie. Es kann auch gesagt werden, dass der tiefere Sinn der neuen Zeitmessung das Messen von Arbeitszeit ist.

Das Ziel der Unternehmer ist es, so viel Geld bzw. Gewinn wie möglich aus dem Produktionsprozess herauszuholen. Das ist zum einen realisierbar, indem der Arbeitstag bis an die Grenzen der Leistungsfähigkeit verlängert wird und Pausen vermieden oder reduziert werden. Aus diesem Prinzip erwächst die Norm, Zeit zu nutzen und sie nicht zu verschwenden. Denn: Alle Zeit ist potenzieller Wert. Zeit wird jedoch nur dann tatsächlich zu Geld, wenn sie genutzt wird, wenn etwas produziert wird, um es mit Gewinn zu verkaufen. Zum anderen ist das Ziel der höchstmöglichen Gewinnerzielung erreichbar, indem die Produktion durch Produktivitätssteigerung beschleunigt wird. Durch Arbeitsteilung, eine entsprechende Arbeitsorganisation und Maschineneinsatz kann in der gleichen Zeit mehr produziert werden. Durch die Gesetze des Wettbewerbs holen alle Unternehmen Produktivitätssteigerungen von Konkurrenzbetrieben nach. Damit ist eine Spirale der Beschleunigung in Gang gesetzt. Beschleunigung wird zu einer weiteren Zeitnorm.

Die Durchsetzung der Zeitökonomie

Diese neuen Regeln für den Umgang mit Zeit widersprachen den früheren Zeitvorstellungen der Menschen fundamental. Es ist daher nicht verwunderlich, dass der Übergang zur Zeitökonomie langwierig, schwierig und konfliktreich war. Von alleine und freiwillig gaben die Menschen ihre alten Gewohnheiten nicht auf. Ein klassisches Beispiel dafür ist der blaue Montag, eine überlieferte Handwerker-Tradition, die noch für eine lange Zeit zum Unmut der Unternehmer von den Fabrikarbeitern gepflegt wurde. Auch der alte, freigewählte Arbeitsrhythmus von Intensität und Muße widersprach den Anforderungen der Fabrikdisziplin mit seiner kontinuierlichen, gleichmäßigen Belastung ohne Pausen. Bummeleien, Unpünktlichkeit oder Abwesenheit waren an der Tagesordnung.

Die traditionellen (aber für die Menschen eben ganz normalen) Arbeitsgewohnheiten und Zeitformen erforderten eine durchgreifende Disziplinierung. In der Fabrik waren dies zum Beispiel Anwesenheitskontrollen und Strafen bei Unpünktlichkeit. Neben der Peitsche wurde aber auch mit dem Zuckerbrot gewunken. Durch Leistungslöhne wurde das Interesse an der Einhaltung der zeitökonomischen Normen in die Arbeiter selbst verlagert. Daneben sorgten Schulen, Zucht- und Arbeitshäuser, Militär und Religion (»Wer nicht arbeitet, soll auch nicht essen«) für die aus Sicht der Unternehmen notwendige Disziplinierung. Zeitdisziplin wurde zum Ziel der Erziehung (für die historischen Formen der Disziplinierung vgl. Thompson 1980, S. 50ff.).

»Unsere moderne Zeitdisziplin ist erlernt und anerzogen, nicht angeboren.«

Die zunehmende Allgegenwart von Uhren (im 19. Jahrhundert wurden Taschenuhren vom ehemaligen Luxusgut zum allgemein verbreiteten Gebrauchsgegenstand) und öffentlichen Zeitrastern (zum Beispiel Fahrpläne) verstärkten diese Entwicklung. Die abstrakte Zeit der Uhren (Pünktlichkeit!) wurde zum allseits akzeptierten Orientierungsmittel. Langsam aber sicher setzten sich die neuen Arbeits- und Zeitnormen durch. Der größte Erfolg der Disziplinierung ist schließlich die Verinnerlichung dieser Normen. Noch einen Schritt weiter verselbstständigt sich die Verinnerlichung dieser Normen und greift auf Bereiche hinüber ohne unmittelbaren ökonomischen Bezug, auf Familie und Hausarbeit, auf Freunde und die Freizeit. Die neue Lehre wird zu einer kulturellen Selbstverständlichkeit, deren soziale und geschichtliche Bedingtheit hinter dieser Selbstverständlichkeit zunehmend verschwindet. Die modernen Arbeits- und Zeitnormen sind die Ansprüche, die wir an uns selber haben. Sie sind unsere Erwartungen an andere. Und wir erwarten, dass andere die gleichen Erwartungen an uns haben.

Zukunftsorientierung

Mit der Zeitökonomie setzte sich die Orientierung an abstrakter Uhrzeit durch. Denn das Wesen der Zeitökonomie besteht darin, Zeit zu messen, um sie effizient zu nutzen. Unsere Orientierung an der Uhrzeit geht einher mit einem linearen Zeitverständnis.

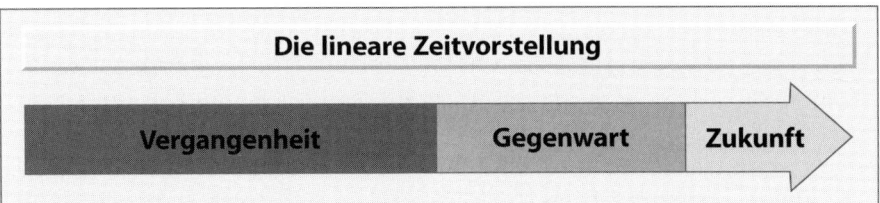

Das lineare Zeitverständnis ist bestimmt von der Vorstellung, dass Zeit auf einer Achse von Vergangenheit-Gegenwart-Zukunft verläuft. Anstatt in der Gegenwart zu leben, orientieren wir unser Denken und Handeln vor allem auf die Zukunft. Resultat ist eine Um-zu-Logik, bei der wir nichts mehr um seiner selbst willen tun, sondern nur noch, *um* gesteckte Ziele in der Zukunft *zu* erreichen. Haben wir diese erreicht, dann stecken wir neue Ziele in der Zukunft. Aber wir kommen nie an. Wir lernen, *um* eine Arbeitsstelle *zu* kriegen. Wir erholen uns, *um* wieder fit für die Arbeit *zu* werden. Wir sparen, *um* uns ein Auto oder Haus kaufen *zu* können. Vor allem denken wir immer an das, was noch vor uns liegt. Selten leben wir im Hier und Jetzt.

Verschiedene Reichweiten unserer Zeitperspektiven

Die Zukunftsorientierung dominiert unser Denken und Verhalten. Das ist schade, weil wir Menschen mit einer Vielfalt von möglichen Zeitvorstellungen ausgestattet sind. Wir haben zum Beispiel unterschiedliche Reichweiten der Zeitperspektiven. So sind wir uns bewusst, dass es vor unserer Geburt Leben und Gesellschaft gegeben hat. Wir haben als Menschen die Fähigkeit, das eigene Leben in den Zusammenhang der Geschichte zu stellen. Es gibt eine Zeit vor und nach unserem individuellen eigenen Leben. Unser Wissen und unsere Erfahrung beeinflussen unser Bewusstsein und damit unser Handeln. Dieses Wissen und diese Erfahrungen helfen uns auch, uns in unserer Gegenwart zu orientieren. Dieses Bewusstseinsreservoir ist wichtig, weil es uns Gewissheiten gibt, ohne die wir nicht leben könnten. Wenn wir ins Bett gehen, dann mit dem Wissen um die hohe Wahrscheinlichkeit, dass wir am anderen Morgen wieder aufwachen, dass die Sonne wieder aufgeht, etc. Aber wir wissen auch: Die Zukunft ist prinzipiell offen und gestaltbar, das heißt beeinflussbar. Das dominierende abstrakt-lineare Zeitverständnis verengt unsere Zeitperspektive jedoch zu sehr auf das Streben nach Dingen, die in der Zukunft liegen. Die gesellschaftlichen Zeitvorstellungen und materielle Lebensumstände beeinflussen dabei die Zeiterfahrung der Individuen.

Diese Gewichtung gilt auch für unsere ureigene Lebenszeit, die Spanne zwischen Geburt und Tod. Die Vergangenheit ist besetzt mit Erinnerungen (die notwendig sind, weil sie uns sozialisiert und unsere Identität geformt haben). Die Gegenwart ist unser jeweils aktuelles Leben, unser Alltag. Die Zukunft ist besetzt mit Hoffnungen, Ängsten, Erwartungen, Plänen. Die Fixierung auf die Zukunft entwertet Vergangenheit und Gegenwart gleichermaßen. Das Gegenteil ist selten ein bewusstes und gelassenes Leben in der Gegenwart. Eher trifft man, vor allem in Phasen der Melancholie, auf eine starke Vergangenheitsfixierung. Dabei bleibt die Gegenwart meistens auf der Strecke. Erstrebenswert wäre eine Ausgeglichenheit unserer Zeitperspektiven, eine *Balance der drei Zeit-Horizonte Vergangenheit, Gegenwart und Zukunft*. Übrigens ist die starke Zukunftsorientierung vor allem ein Phänomen des Erwachsenseins. In der Kindheit dominiert der Gegenwartsbezug des Handelns. Zeit spielt dort, je nach Alter, eine untergeordnete oder gar keine Rolle.

Unsere Ignoranz gegenüber der Gegenwart ist Ignoranz gegenüber unserem eigenen Leben. Denn wir leben, um zu leben. Das Leben in der Gegenwart ist die zeitliche Reichweite, in der wir aktuell handeln. Das ist unser Alltag, das permanente Jetzt. Die Alltagszeit ist beeinflusst von der historischen Zeit, der Epoche, in der wir leben. Und sie ist beeinflusst von der biografischen Zeit, unserem Entwicklungsstand in der Biografie, unserem Alter, unseren Erinnerungen, Erfahrungen und Plänen. Der Alltag ist das immer wiederkehrende Heute und Jetzt. Hier wird Zeit unmittelbar, fühlbar. Hier erleben und erleiden wir die Zeit. Vor allem aber leben wir immer nur jetzt, nicht gestern oder morgen.

»Wirklich leben können wir nur im Hier und Jetzt.«

Die Gestaltung der Gegenwart ist von Erfahrungen (der Vergangenheit) und Erwartungen (der Zukunft) beeinflusst. Aber es gibt auch eine relative Autonomie des Alltags und der Gegenwart. Objektiv zwingt uns niemand, nur in der Vergangenheit oder in der Zukunft zu leben. In Grenzen ermöglicht uns die Gegenwart einen relativ autonomen Umgang mit den Zwängen und Möglichkeiten, die wir haben.

Die Gegenwart als Handlungsebene

Eine radikale Auffassung von der faktischen Gegenwartsgebundenheit unseres Handelns hat der Soziologe George H. Mead formuliert (vgl. Mead 1980). Für ihn existiert Wirklichkeit nur in der Gegenwart. Die Gegenwart hat eine Eigenständigkeit, weil alle Ereignisse nur in der Gegenwart und immer wieder neu auftreten. Nur die Gegenwart existiert wirklich. Sie schafft die Vergangenheit und die Zukunft durch Erinnerung und gedankliche Vorwegnahme. Das Gedächtnis ist ein aktiver Rekonstrukteur von Vergangenheit und Zukunft. Die Vergangenheit stellt zwar die Bedingungen für das Handeln bereit. Trotzdem hat die Gegenwart eine Eigenständigkeit mit autonomen Handlungsmöglichkeiten.

Die Zeiterfahrung der Gegenwart ist an das Ereignis gebunden, das in ihr abläuft. Die Dauer, die wir als zusammenhängende Zeiteinheit erfahren, ist handlungsabhängig. Den Sinnzusammenhang eines Handlungsrahmens in der Gegenwart nennt Mead funktionale Gegenwart. Ein bewusstes Verhalten von Subjekten ist nur in der Gegenwart möglich. Das menschliche Handlungsrepertoire ist eine spezifisch menschliche Fähigkeit. Dazu gehört auch, ganz simpel, die menschliche Fähigkeit zu denken. Unser Denken ist Teil des Handlungsprozesses, in den wir eingebunden sind. Damit sind wir in der Lage, eine Distanzperspektive zu den Ereignissen einzunehmen, gewissermaßen auf eine Insel im Strom der Zeit aufzuspringen. Diese Zeitneutralität ermöglicht uns eine Handlungshemmung, eine Unterbrechung des Handlungsprozesses zwischen einem Reiz (auf den wir reagieren wollen) und der tatsächlichen Reaktion. Wir haben die Möglichkeit einer verzögerten Reaktion (statt eines automatischen Reflexes), einer bewussten Reaktion. Dabei können wir aus verschiedenen Handlungsmöglichkeiten auswählen. Diese Steuerung unseres Handelns in der Manipulationsphase ist eine Leistung, zu der nur menschliche Gehirne fähig sind.

Die Schlussfolgerung aus diesem Ansatz von Mead ist einfach: Wir können als Menschen unsere Erfahrungen ständig auf den Prüfstand stellen, kritisch würdigen und aktiv verarbeiten. Das heißt, wir sind nicht gezwungen, lediglich Zwänge zu vollziehen, denen wir unterworfen sind. Im Gegenteil können wir Handlungsentwürfe machen, bewusst leben und dabei aus einer Fülle von Handlungsalternativen auswählen.

Das gilt nicht nur für unser eigenes Handeln, sondern auch für unser Verhältnis zu anderen Menschen. Nach Mead ordnen wir als Individuen unser Verhältnis zu anderen Individuen und zu unserer Umwelt in zeitlichen Kategorien. Jedes Individuum hat eine eigene Zeitperspektive, in der die Zeitperspektiven der anderen enthalten sind. Auch das ist eine spezifisch menschliche Fähigkeit: Wir sind fähig, die Perspektiven anderer Menschen zu übernehmen. Wir können die Erwartungen und möglichen Reaktionen anderer bei unserem eigenen Verhalten berücksichtigen. Um unser Verhalten und das anderer Menschen zu koordinieren, müssen wir uns verständigen – durch Kommunikation. Dabei werden die Regeln für unsere sozialen Beziehungen gemeinsam und wechselseitig ständig neu definiert, oder es werden bestehende Regeln bestätigt.

Wenngleich gerade der letzte Aspekt eher Wunsch als Wirklichkeit ist, weil er ein Idealbild herrschaftsfreier Kommunikation voraussetzt, so ist das Handlungsmodell von Mead doch nützlich im Hinblick auf einen anderen Umgang mit Zeit. Mead erinnert uns eindringlich daran, wie zentral die Gegenwart ist und dass wir *nur* in der Gegenwart leben können. In dieser Gegenwart sind wir kraft unserer menschlichen Begabung prinzipiell fähig zu einem bewussten Umgang mit Zeit. Was auf den ersten Blick so selbstverständlich klingt, ist eben auf den zweiten Blick überhaupt nicht mehr selbstverständlich. Denn wer lebt schon wirklich in der Gegenwart? Und wer lässt sich nicht viel eher vom Strom der Zeit, der Ereignisse und Zwänge mitreißen, anstatt innezuhalten, über wirkliche Alternativen nachzudenken und, auch gegen innere und äußere Widerstände, seinen eigenen Weg zu gehen? Unsere Fähigkeiten dazu werden allzu leicht verschüttet, gehen im Alltagstrott unter und verkümmern. Für diese, wie Mead es nennen würde »Handlungshemmung«, also für die bewusste Organisation unserer eigenen individuellen Zeit, aber auch für unsere Koordination mit anderen Menschen durch Kommunikation (nicht durch Anordnung), brauchen wir – Zeit. Zeit zum Nachdenken, Zeit zum Aushandeln.

Zwei Geschichten aus der Gegenwart

Diese Zeit aber wollen wir uns nicht nehmen, obwohl (oder eigentlich weil) Zeit wertvoll ist. Da geht es uns wie dem Schüler in einer Geschichte, die von der asiatischen Lebensphilosophie handelt. In meiner Erinnerung geht sie so:

Der Schüler fragt den Meister nach dem Geheimnis seines Lebens. Der Meister antwortet: Wenn ich sitze, dann sitze ich. Wenn ich stehe, dann stehe ich. Wenn ich gehe, dann gehe ich. Und wenn ich ankomme, dann komme ich an. Der Schüler ist irritiert und sagt: Aber Meister, das versteh ich nicht. Ich tue doch das gleiche wie du. Sage mir doch, was das Geheimnis deines Lebens ist. Und der Meister antwortet wieder: Wenn ich sitze, dann sitze ich. Wenn ich stehe, dann stehe ich. Wenn ich gehe, dann gehe ich. Und wenn ich ankomme, dann komme ich an. Der Schüler wird langsam erregt: Aber Meister, nichts anderes tue ich doch auch. Doch der Meister antwortet: Nein. Wenn du sitzt, dann stehst du schon. Wenn du stehst, dann gehst du schon. Und wenn du gehst, dann kommst du an. Du tust nie das, was du gerade tust.

Das klingt zunächst paradox. Aber es ist doch das, was wir selbst häufig erleben – und meistens gar nicht merken, weil es für uns so normal geworden ist. Wenn wir ehrlich sind, dann haben wir uns schon in den schönsten Stunden, die uns das Leben bietet und die geradezu nach einem bewussten Leben in der Gegenwart schreien, dabei ertappt, dass wir an die Arbeit denken, die morgen im Büro auf uns wartet, dass wir daran denken, demnächst mal wieder das Auto in die Werkstatt zu bringen, was wir der Tante nächste Woche zum Geburtstag schenken etc. Zugegeben, nicht immer ist die Gegenwart so schön, dass wir sie in allen Details bewusst erleben, durchleben möchten. Doch Trauer oder Ärger gehören zum Leben. Und erst recht ist es schade um die schönen Dinge, die wir nicht bewusst hier und jetzt erleben, wenn wir immer nur an später denken.

»Da fährt ein Bus mit Touristen durch die prächtige Landschaft südlicher Gefilde. Alle haben die Kamera am Auge und fotografieren, was das Zeug hält. Ein einziger Fahrgast nur sitzt still da und blickt zum Fenster hinaus. ›Warum fotografieren Sie nicht?‹, wird er gefragt. ›Ich sehe mir's gleich hier an‹, antwortet der.« (Fischer 1998, S. 13)

Orientierung an der Uhrzeit

Setzen wir die letzte Geschichte noch ein bisschen fort. Stellen wir uns vor, der Reisegruppe gefällt ein bestimmter Ort so gut, dass sie anhalten möchte. Allerdings ist es 16 Uhr, und in zwei Stunden gibt es Abendessen im Hotel. Nun hat der Reiseführer oder der Busfahrer ein Problem. Er muss die Gruppe in zwei Stunden im Hotel abliefern. Der Zeitplan schreibt das vor. Wird der Zeitplan nicht eingehalten, dann hat die Reisegruppe vielleicht ein Problem: Es gibt nichts mehr zu essen. Der Zeitplan drängt. Und der richtet sich nach der Uhrzeit, nicht nach dem Hunger oder der Schönheit der Landschaft.

Wann waren Sie das letzte Mal im Kino? Wahrscheinlich um 20 Uhr. Oder um 22.30 Uhr zur Spätvorstellung. Der Zug fährt um 13.41 Uhr, der Bus um 17.12 Uhr. Die Tagesschau beginnt um 20 Uhr. Wann beginnt der Vortrag in der Volkshochschule über Wege zum Zeitwohlstand? Um 19.30 Uhr.

Uhrzeit ist modern

Vor 700 Jahren hätte der Vortrag nicht um 19.30 Uhr begonnen. Vielleicht hätte er damals begonnen bei Sonnenuntergang, nach dem Nachtmahl oder wenn das Vieh auf der Weide ruhig wird. Erst um 1300 wurde in Europa die erste mechanische Uhr gebaut. Damals hätte es aber wahrscheinlich gar kein Interesse an einem solchen Vortrag gegeben, weil der Umgang mit Zeit und das Zeiterleben nicht in der Form als problematisch empfunden wurden, wie es uns heute vorkommt. Unsere gelegentlich sklavische Orientierung an der Uhrzeit ist heute durchaus ein Teil unserer Probleme beim Umgang mit Zeit.

Mit Sicherheit ist diese Fixierung auf den Fetisch Uhrzeit nicht die Ursache selber, sondern Ausdruck des eigentlichen Problems, unserer Orientierung auf abstrakte Ziele, abstrakte Normen wie Schnelligkeit, Zeitnutzung oder Pünktlichkeit. Hierfür ist die Uhrzeit das Mittel zum Zweck, denn die Uhrzeit ist messbar, und mit ihr das Tempo, die Dauer von Handlungen oder die Einhaltung von Terminen. Langsam ist jedoch darüber hinaus unsere Orientierung an der Uhrzeit zum Selbstzweck geworden.

Doch zunächst einmal ist die Uhrzeit, ganz wertneutral, eine wichtige Orientierungshilfe im Alltag. Und die Qualität zum Beispiel einer Verabredung hängt nicht in erster Linie davon ab, ob man sich nach dem Stand der Sonne oder nach dem Stand des Zeigers auf der Uhr verabredet hat. Auch ein Rendezvous um 21.30 Uhr kann durchaus sehr schön sein, vorausgesetzt man hat nicht um 22.30 Uhr den nächsten Termin. Oder der Wecker klingelt am nächsten Morgen bereits um 6.15 Uhr.

Abstrakte Uhrzeit

Doch die Uhrzeit ist nicht *die* Zeit. Es gibt andere, konkrete Zeitangaben, also Bezeichnungen für Zeiteinheiten oder -punkte, die sich auf sinnlich erfahrbare Ereignisse beziehen (Sonnenaufgang; wenn die Sonne am höchsten steht; in der Dämmerung; wenn die Tage kürzer werden; während meiner Lehre; solange es dauert, den Reis gar zu kochen; kurz nach der Währungsreform etc.). Reste solcher Zeitangaben mit konkreten Ereignisbezügen, die durchaus noch angewandt werden, haben wir auch in unserer Sprache (man denke an die Zigarettenlänge oder den Augenblick).

Die Zeit der Uhren ist abstrakt. Sie ist von den natürlichen und sozialen Zeitgebern abgelöst, denen wir alle ausgesetzt sind, wie zum Beispiel Helligkeit und Dunkelheit. Sie zerteilt die Zeit in gleich große Maßeinheiten, in Stunden, Minuten und Sekunden (und sogar noch kleiner: Weltmeisterschaften und Olympiasiege hängen an Hundertstel- und Tausendstelsekunden). Dies ermöglicht die Koordination ganz verschiedener Menschen, auch über Kontinente und Zeitzonen hinweg. Denn in München ist es immer genauso spät wie in Kiel, zumindest auf der Uhr und trotz der Behauptung, in Bayern gingen die Uhren anders. Auch global sind die Uhrzeiten standardisiert und berechenbar. Durch die Aufteilung der Welt in Zeitzonen kann ich interkontinental kommunizieren oder Flugpläne abstimmen. Wir wissen nicht nur jederzeit, wie spät es in Unterhaching ist. Wir wissen auch, wie spät es gerade in Nowosibirsk, New Orleans oder Sidney ist.

Die Selbstverständlichkeit der Uhrzeit

Die Uhr und die Zeit, die sie anzeigt, waren auch ein wichtiges Vehikel im Zuge der Disziplinierung, denen die Menschen zur Gewöhnung an die neue Zeitökonomie unterworfen wurden. Nicht von ungefähr fällt die Verbreitung des Besitzes von Taschenuhren im 19. Jahrhundert mit der Industrialisierung zusammen. Die Arbeiter mussten natürlich wissen, wie spät es ist, damit sie pünktlich in der Fabrik sein konnten. Und die Stechuhr schließlich kontrolliert die Einhaltung der Zeitvorgaben über Beginn und Ende der Arbeit, und sie misst die Dauer der Anwesenheit. Die (abstrakte) Zeit wurde das Maß der Arbeit. Die Zeit wurde das Maß aller Dinge. Schließlich war Pünktlichkeit längst nicht mehr nur die Höflichkeit der Könige (Louis XVIII. von Frankreich), sondern eine allgemeine Tugend.

Es kommt einem bei vielen vor, als hätten sie den ständigen Blick auf die Uhr als Verhalten mit der Muttermilch aufgesogen. Man kann immer etwas verpassen. Um das zu verhindern, ist die Uhrzeit so notwendig wie die Luft zum Atmen. Doch längst nimmt einem die Zeit auch die Luft. Die Zeit hat viele von uns im Würgegriff.

Der Rhythmus – eine andere Zeit

So stellt sich uns die Uhrzeit dar – als das Maß aller Dinge. Aller Dinge? Der menschliche Organismus ist kein Uhrwerk. Er hat keinen exakten, gleichförmigen Takt, sondern Rhythmen. Diese Rhythmen stehen im Widerspruch zu unserer ausschließlichen Orientierung an der abstrakten Uhrzeit. Unsere Rhythmen erzeugen körperliche und psychische Bedürfnisse. Sie erfordern einen rhythmischen Wechsel von Arbeit und Pause, Anspannung und Entspannung, Produktivität und Regeneration. Und sie erfordern Freiräume für Unvorhersehbares: für Gefühle, Spontaneität oder Krankheiten.

»Die Uhrzeit und der Takt sind zum Maß aller Dinge geworden. Der menschliche Organismus ist aber kein Uhrwerk.«

Das Gefühl für diese Rhythmen ist uns verloren gegangen. Wir orientieren uns nicht mehr an unseren Rhythmen, also an uns selbst. Wir orientieren uns an der Uhrzeit oder an Zeitvorgaben, die sich nach der Uhrzeit richten. Dann ist es auch kein Wunder, wenn der Wasserverbrauch in der Halbzeitpause eines Fußball-Länderspiels nach oben geht. Vor diesem Hintergrund drängt sich gelegentlich die Frage auf, wie Menschen reagieren, wenn sie keine Uhrzeit mehr zur Verfügung haben, nach der sie sich richten können (oder müssen).

Vielleicht wird es nie eine Antwort auf diese Frage geben. Vielleicht weil niemand den Mut hat, es herauszufinden. Aber es wäre spannend, ein Experiment durchzuführen, bei dem eine Gruppe von Menschen (freiwillig natürlich) ohne (Uhr-)Zeit leben muss. Oder darf. Viele Facetten unserer alltäglichen Tätigkeiten und deren Bezug zur Zeit ließen sich untersuchen. Wie reagieren diese Menschen auf das Fehlen der Uhrzeit? Halten Sie es aus? Steigen einige nach kurzer Zeit aus dem Experiment aus? Werden Sie unruhig? Oder finden sie Ruhe und zu sich? Wann essen sie? Wie verabreden sie sich? Wann werden sie müde? Wie lange beschäftigen sie sich mit Dingen ohne Fristen oder Termine? Wie wichtig werden natürliche Zeitgeber (Sonne, Mond, Gezeiten etc.)? Wie verändert sich das Verhalten im Laufe des Experiments? Wie fühlen sich die Teilnehmer in der ersten Woche, wie in der letzten Woche? Wie beurteilen sie ihren bisherigen Umgang mit Zeit im Alltag? Ändert sich ihre Einstellung zur Zeit? Wie verhalten sie sich nach dieser Zeiterfahrung später im Alltag? Haben Alltag und Uhrzeit sie schnell wieder? Oder nehmen sie einen Teil der zeitlosen Erfahrung mit in den Alltag?

Übung: Zeitempfinden

Die Uhrzeit ist das gleiche Maß für alles Ungleiche. Auf der Uhr sind 60 Sekunden immer 60 Sekunden. In unserem Zeiterleben unterscheiden sich gleich lange Intervalle jedoch ganz erheblich. Das hängt entscheidend mit davon ab, was in der Zeit passiert oder was wir tun. Grundsätzlich gilt, dass die Zeit, wenn in ihr etwas passiert, subjektiv schneller vergeht als leere Zeit. Sie können mit Freunden, dem Partner etc. ausprobieren, ob diese These richtig ist.

Lassen Sie die andere Person zum Beispiel an einem wolkenfreien Tag eine Minute lang in den Himmel schauen und fragen Sie dann, wie lange diese Zeit wohl gedauert hat. Anschließend lassen Sie die gleiche Person eine Minute lang etwas machen, im Fernsehen ein Musikvideo anschauen oder Ähnliches, und fragen Sie sie wieder, wie lange die Zeit diesmal gedauert hat. Vergleichen Sie die Antworten. Je weniger sensibel jemand für das Thema Zeit (und den möglichen Hintergrund der Frage von Ihnen) ist, desto wahrscheinlicher ist, dass die These bestätigt wird. Natürlich lässt sich dieses Experiment mit ein wenig Fantasie variieren.

Die Nonstop-Gesellschaft

Der Zwang, Zeit zu nutzen, Beschleunigung, Zukunftsorientierung und die Orientierung an abstrakter Uhrzeit – diese Phänomene haben sich spätestens mit der Industrialisierung als herrschende Prinzipien der gesellschaftlichen Zeitorganisation durchgesetzt. Verhältnismäßig neueren Datums ist das Phänomen, das mit dem Titel »Nonstop-Gesellschaft« (vgl. Adam/Geißler/Held 1998) bezeichnet wird. Nonstop-Gesellschaft – das bezeichnet das permanent hohe, pausen- und ruhelose Aktivitätsniveau, das sich in den letzten Jahren durchgesetzt, verstetigt und weiter gesteigert hat.

Flexibilität und permanente Verfügbarkeit

Die wichtigsten Prinzipien dieser Nonstop-Gesellschaft sind Flexibilität und permanente Verfügbarkeit als Anforderungen an den (post-)modernen Menschen. So relativ neu diese Symptome in ihrem Ausmaß und ihrer Aufdringlichkeit auch sind, so sehr sind sie doch mit jenen Motiven der Zeitökonomie verbunden, die von Anfang an seit der Industrialisierung den neuen Umgang mit Zeit prägten. Die Nonstop-Gesellschaft greift die Prinzipien Zeitnutzung und Beschleunigung der Zeitökonomie auf. Nonstop ist gewissermaßen Resultat der konsequenten Zeitökonomisierung aller Lebensbereiche.

»Ver-rückte Zeiten in der flexiblen Nonstop-Gesellschaft dulden keine verbindlichen Ruhepausen.«

Herkömmliche Zeitmuster verabschieden sich von der Bühne unseres Alltags. Gewachsene Zeitstrukturen – wie die Aufteilung in Arbeitstag und Feierabend, in Arbeitswoche und freies Wochenende – lösen sich zunehmend auf. Die Grenzen zwischen Arbeitszeit und freier Zeit verwischen immer mehr. Flexible Arbeitszeiten tragen wesentlich dazu bei. Das Hauptziel der Flexibilisierung ist die Verlängerung von Betriebs- und Maschinenlaufzeiten, eine »bessere Auslastung der Kapazitäten« – so oder ähnlich heißt es in jeder zweiten Presseerklärung eines Wirtschaftsverbandes. Nicht mal mehr ein Fünftel der Beschäftigten hat so genannte Normalarbeitszeiten.

Hinter dem Begriff flexible Arbeitszeiten stehen jedoch nicht nur Modelle wie Gleitzeit, die den Beschäftigten mehr Zeitsouveränität ermöglichen sollen. Dahinter stehen auch und zunehmend öfter Schicht- und Nachtarbeit,

Arbeit auf Abruf, Überstunden oder Wochenendarbeit. Verbindliche Ruhezeiten in der Gesellschaft und gemeinsame freie Zeiten von Freunden und Familienmitgliedern werden der Tendenz zur ununterbrochenen Kapazitätsauslastung geopfert. Wenn man trotz aller Anforderungen gelegentlich einmal frei hat, dann ist es so »sicher« wie ein Roulette-Spiel, ob der Partner, die Freunde oder Kollegen für eine gemeinsame Gestaltung der freien Zeit ebenfalls Zeit haben – ver-rückte Zeiten.

Moderne Informations- und Kommunikationstechnologien

Der Trend zur pausenlos aktiven Nonstop-Gesellschaft wird durch die modernen Informations- und Kommunikationstechnologien noch verstärkt. Während wir Menschen (dennoch gelegentlich) schlafen, arbeitet unser digitales Geld. Das Internet schläft nie. Und irgendwo auf der Welt gibt es immer Surfer und Chatter, mit denen kommuniziert werden kann, egal worüber. Bits und Bytes brauchen keine Erholung. Die neuen Medien erzeugen soziale Anschlusszwänge. Es passiert immer irgendetwas irgendwo auf der Welt, das wir verpassen könnten. Aber mit Telefon, Handy, Fax, Internet und E-mail sind wir jederzeit überall erreichbar. Wer sich nicht ausschließen will, muss erreichbar sein.

Technologien haben eigene Zeitstrukturen, die von natürlichen Zeiten entkoppelt sind. In Technologien fließen gesellschaftliche und ökonomische Anforderungen ein. Sie werden nach Plänen konstruiert, die von Menschen geschaffen wurden. Charakterisch für moderne Technologien sind künstliche Zeitstrukturen. Helga Nowotny nennt diese künstlichen Zeitstrukturen »Laborzeit« (Nowotny 1993, S. 81). Kennzeichnend für diese »Laborzeit« ist, dass Beobachtungen wiederholt, Prozesse beschleunigt und verlangsamt werden können. Diese Laborzeit haftet dann den technologischen Produkten an. Nowotny nennt als Beispiel unter anderem das Fernsehen oder Videorecorder. Die technologischen Produkte tragen die künstlichen Zeitstrukturen (wozu auch ihre kontinuierliche Verfügbarkeit gehört) in die Gesellschaft und den Alltag der Menschen hinein.

Was Helga Nowotny für ihr Bild von der Gleichzeitigkeit prognostiziert (der Möglichkeit, jederzeit alles erfahren zu können, was zur selben Zeit, gleichzeitig, an einem beliebigen anderen Ort passiert), lässt sich auf alle Elemente der Laborzeit und generell zeitökonomische Prinzipien übertragen:

»Dem Druck der Gleichzeitigkeit ausgesetzt zu sein, wie dies angesichts des Entwicklungsschubes durch die modernen Telekommunikationstechnologien geschieht, bedeutet des Rechtes auf eigene Entwicklungsgeschwindigkeit verlustig zu gehen.« (Nowotny 1993, S. 35)

Die technologische Entwicklung ist durch eine immer schnellere Übermittlung von Informationen geprägt, die nur an der Lichtgeschwindigkeit ihre Grenzen gefunden hat. Der Philosoph Paul Virilio bezeichnet diese Entwicklung als eine Geschichte der Geschwindigkeitsrevolutionen. Er warnt jedoch vor der Illusion, dass die jederzeitige Verfügbarkeit und die Übermittlung von Informationen in Lichtgeschwindigkeit zwangsläufig ein Fortschritt der Demokratie sei. Im Gegenteil:

»Demokratie heißt Teilung der Entscheidungsgewalt, aber wenn Entscheidungen mit Lichtgeschwindigkeit gefällt werden, kann es keine Demokratie mehr geben« (Virilio 1993, S. 37).

Freizeit: Konsum und Muße

Natürlich spielt die Arbeit bzw. die Arbeitszeitorganisation für den Trend zur Nonstop-Gesellschaft eine wichtige Rolle. Aber auch unser Freizeitverhalten ist ein Abbild dieser Entwicklung. Eine alte Streitfrage in der Soziologie lautet: Ist die Freizeit auf irgendeine Art und Weise an die Arbeit gekoppelt? Oder ist Freizeit ein freier Zeitraum von eigener Wesensart? Hier wird die Überzeugung vertreten, dass Freizeit eine Zeit eigener Art sein *könnte*, jedoch für die meisten Menschen *de facto* nicht ist. Freizeit ist an die Arbeit gekoppelt.

Die so genannte Kontrasthypothese geht davon aus, dass sich der Mensch in seiner Freizeit entgegengesetzt zu seinem Verhalten während der Arbeit verhält (zum Beispiel Faulenzen). Dagegen geht die Fortsetzungshypothese davon aus, dass die Freizeit der verlängerte Arm der Arbeitswelt ist, dass sich die Muster des Verhaltens bei der Arbeit in der Freizeit wiederholen. In beiden Fällen jedoch ist das Freizeitverhalten auf die Arbeit bezogen, als Wiederholung oder als Abgrenzung von ihr.

Noch auf eine andere, ganz offensichtliche Weise reicht die Arbeit in die Freizeit hinein. Die Freizeit wird eingeschränkt durch Pausen-, Wege- und Rüstzeiten während oder für die Arbeit, sofern entsprechende Tätigkeiten nicht als Teil der Arbeitszeit angerechnet werden. Auch Zeit für persönliche

»Wir haben heute mehr Freizeit. Doch die freie Zeit ist geschrumpft.«

Hygiene oder Hausarbeit gehen von der arbeitsfreien Zeit ab. Technisierung und Bürokratisierung des Alltags (man denke an die vielen Bedienungsanleitungen, die man zu lesen hat oder die auszufüllenden Formulare vom Finanzamt bis zur GEZ), Reparaturen, soziale Verpflichtungen (wie der Pflichtbesuch bei der Tante) oder – dem Zwang zur Mobilität geschuldete – längere Wege (vor allem die Wochenendpendler) tun ihr übriges. Kein Wunder, dass am Ende der Freizeit nicht wirklich viel freie Zeit übrig bleibt.

Ein wichtiger Faktor für das Verhalten in der Freizeit ist das Verhältnis zur Arbeit, die Einstellung zu ihr und die Identifikation mit der Berufsrolle. Wenn die Arbeit zum Selbstzweck wird, dann hat sie häufig die Funktion, Ersatz für fehlende Zeiter-füllung zu sein. Unter diesen Bedingungen füllt Arbeit Zeit, aber sie er-füllt sie nicht. Insbesondere dann wird leere, freie Zeit zum Problem. Dagegen setzt zum Beispiel die Philosophie höhere, sinn-volle Tätigkeiten – Muße, Kontemplation, kurz: Sinn (oder zumindest die Suche danach) als Inhalt des Lebens und Arbeitens. Ist Arbeit jedoch sinn-los oder zumindest sinnentleert, wird freie Zeit zum drückenden Problem. Dann ist der Sinnersatz in der freien Zeit häufig der Konsum. Umgekehrt dient der Konsum wieder als Legitimation für das Übermaß an Arbeit. Natürlich dient der Konsum von Überflüssigem oder (Massen-)Kultur zum Zeitvertreib auch der Erholung. Immer aber ist diese Form der »Freizeitgestaltung« ebenso ein Stück Kompensation der Leere.

Die Freizeit ist oft nur zeitökonomisch durchgestylt erträglich. Symptomatisch dafür ist das Verlangen nach immer stärkeren und kürzeren Reizen. Früher war es die Achterbahn als Höhepunkt des Jahres auf der Kirmes, heute ist regelmäßiges Bunjee-Jumping angesagt. Bei alten Filmen schlafen wir ein. Nur Videoclips mit 150 Einstellungen in drei Minuten halten uns bei Laune oder zumindest wach.

Nicht von ungefähr ist ein großer Teil der Rest-Freizeit von der Mediennutzung geprägt. Oft ist ihre einzige oder wichtigste Aufgabe, Zeit zu füllen. Was dann soziologisch-analytisch als Beschäftigungssehen bezeichnet werden kann, ist in erster Linie eine Taktik gegen die Langeweile, wenn die unausgefüllte Zeit zur Last wird. Besonders zur Überbrückung von Wartezeiten kriegen Hörfunk und vor allem Fernsehen eine immer wichtigere Rolle. Gleiches gilt zunehmend für die Online-Medien. Internet, Fax und E-Mail dienen aber auch dem zeitökonomischen Motiv, Zeit zu sparen. Gleichzeitig verführen elektronische Medien dazu, Zeit zu verdichten und zu vertiefen. Das Stichwort heißt Paralleltätigkeiten: Man hört oder sieht ein oder mehrere Medien und macht parallel etwas anderes. Man informiert sich beispielsweise während des Essens. Man lässt sich unterhalten, während gebügelt wird, etc. (vgl.

Nerverla 1991, S. 198) Hörfunk und zunehmend Fernsehen sind nur noch Begleitmedien. Deshalb heißen die populären Radioprogramme im Jargon der Radiomacher nur noch Begleitprogramme.

In der Bilanz fressen die elektronischen Medien mehr Zeit als sie sparen. Das gleiche gilt auch für die so genannten Neuen Medien. Sie bringen keine Zeitspareffekte, sondern vereinnahmen die Zeit der Konsumenten. Als Folgen konstatieren immer mehr Psychologen (und viele Menschen selbst) Stress und chronische Zeitnot. Für Computerfreaks wird die Gefahr gesehen, dass sie nicht zur Ruhe kommen, immer in Aktion und Bewegung sind. Psychosoziale Folgen der Informations- und Multimediagesellschaft werden immer wahrscheinlicher: Eindrücke und Informationen werden nur noch konfettiartig aufgenommen. Die Hopping-Manie führt zu Überreizung, innerer Unruhe und Dauerstress. Als (unbewusste) Gegenstrategie wird das so genannte Scannen gesehen, das selektive Wahrnehmen bzw. Aufnehmen von Informationen durch das Gehirn.

Psychologen registrieren als mögliche Folgen der Reizüberflutung (die eine Form der Zeitverdichtung ist durch mehr Informationen in der gleichen Zeit) ernst zu nehmende Aufmerksamkeitsstörungen, Lernschwächen, Hyperaktivität und Zerstreutheit. Bei Kindern wird das hyperkinetische Syndrom unter anderem diesen Ursachen zugeschrieben: motorische Unruhe, Vergesslichkeit, impulsive Reaktionen, Aggressivität, unkontrollierte Wutausbrüche, die Unfähigkeit, sich längere Zeit mit einer Sache zu beschäftigen, Schlafstörungen, Konzentrationsschwäche, Nicht-zuhören-Können, Oberflächlichkeit. Auch Störungen der Sprachentwicklung bei Kindern werden zum Teil auf PCs, Videospiele, Fernsehen etc. zurückgeführt. Das gleiche gilt für einen reduzierten Wortschatz, Probleme bei der Anwendung grammatikalischer Regeln oder Schwierigkeiten beim Verstehen und Formulieren von Sätzen. In dieser Konzentration wirkt die Auflistung der Phänomene natürlich wie ein übertriebenes Horrorszenario. Es ist jedoch mehr als nur düstere Zukunftsmusik. Es sind Teile, Ausschnitte aus der Gegenwart.

Weil es kein Fernsehen ohne Werbung mehr gibt, hier noch eine Bemerkung zu Zeit und Fernsehwerbung: Einerseits ist für Firmen die optimale zeitliche Platzierung von Werbespots wichtig, um die Zielgruppen zu erreichen. Außerdem müssen Spots möglichst kurz sein, denn Werbezeit ist teuer (man denke an die Sprechgeschwindigkeit des für pharmazeutische Produkte obligatorischen »Bei Risiken und Nebenwirkungen fragen Sie Ihren Arzt oder Apotheker«). Und schließlich wirkt das didaktische Mittel der Wiederholung von Werbespots innerhalb eines Werbeblocks zunehmend nervtötend. Motto: Irgendwann wird etwas hängen bleiben.

Andererseits wird interessanterweise gerade in der Werbung häufig das Motiv aufgegriffen, Langsamkeit, Muße, Abschalten von Hektik und Stress zu versprechen, zum Teil auch durch die Gestaltung der Spots mit verlangsamten Abläufen. Fernsehwerbung greift also häufig das gegen die Zeitökonomie gerichtete Bedürfnis von Menschen nach Eigenzeiten auf. Damit werden jedoch gleichzeitig Bedürfnisse nach Langsamkeit, Pausen und Auszeiten wieder kommerzialisiert.

Um ihre Botschaften zu vermitteln, spielt gerade die Werbung mit dem Zeit-Motiv wie kaum ein anderes Genre, sowohl optisch und akustisch als auch in den Werbetexten. Zeitlupe und Verlangsamung von Abläufen ebenso wie langsame Musik geben ein Gefühl von Behaglichkeit und Geborgenheit. Langsamkeit in den dargestellten Handlungen präsentieren Genuss oder Vertrauen. Wird die Zeit (bildlich) angehalten, dann ist Pause, Genießen, Auszeit angesagt. Dagegen kann durch den Bildschnitt der Zeitablauf gerafft werden. Das deutet auf Dynamik hin, schnelle Musik bringt Dramatik. Verschiedene Waren versprechen schnelle Problemlösungen (zum Beispiel Waschmittel oder Putzmittel, mit denen man garantiert Zeit spart). Egal ob Fernsehen, Hörfunk, Handy oder Werbung: Unverkennbar ist bei allen elektronischen Medien ihr Nonstop-Charakter, ihr Wesen als Phänomene einer neuen Zeit, der Jeder-Zeit.

Verinnerlichung von Zeitnormen

Was in den bisherigen Abschnitten der Übersicht wegen getrennt behandelt wurde, findet letztlich doch unter einem Dach statt, unter dem Dach unserer Gesellschaft. Das dominante gesellschaftliche Leitbild für unseren Umgang mit Zeit, gewissermaßen die Überschrift für unser Zeitverhalten, ist die Zeitökonomie. Unter dieser Überschrift versammelt sich ein Geflecht von Normen, die wir lernen und tagtäglich als Erwartungen erfahren. Das sind, zusammengefasst, die wichtigsten Normen der Zeitökonomie:

»Die Normen der Zeitökonomie sind das gesellschaftliche Leitbild unseres Verhaltens«

❖ Zeitnutzung
❖ Beschleunigung
❖ Zukunftsorientierung
❖ Orientierung an abstrakter Uhrzeit
❖ Flexibilität
❖ Permanente Verfügbarkeit

Die neue »Schuld-Frage« bei Zeit-Problemen

Die genannnten Normen wirken in uns, und sie wirken auch, wenn wir uns anders verhalten oder anders verhalten wollen. Diesen gesellschaftlichen Hintergrund muss man verstehen, damit man sich bewusstmachen kann, dass die persönlichen Zeit-Probleme häufig eben nicht eine Frage der eigenen Unzulänglichkeit sind, »richtig« (was immer das ist) mit Zeit umzugehen. Das gilt im Prinzip für den Manager genauso wie für die Hausfrau, für Männer wie Frauen, für Lehrerinnen und Fließbandarbeiter. Natürlich sind im Alltag und im Einzelfall die jeweiligen Anforderungen durchaus unterschiedlich und Ausdruck der persönlichen Lebens- und Arbeitssituation. Sicher sind die Zwänge, denen man unterworfen ist, unterschiedlich stark. Auch hat nicht jeder die Normen der Zeitökonomie gleich stark innerlich akzeptiert. Dennoch ist das Prinzip auch in unterschiedlichen Bereichen grundsätzlich gleich.

Wenn man die Normen der Zeitökonomie als gesellschaftliche Ursachen unserer Zeit-Probleme versteht, dann stellt sich die »Schuld-Frage« anders,

»Die Ursache unserer Zeit-Probleme ist nicht persönliches Versagen.«

wenn man mit seiner eigenen Zeit hadert. Die Antwort ist dann nicht mehr eigenes Versagen, wenn man seine Zeit mit schlechtem Gewissen ungenutzt verstreichen lässt; wenn man glaubt, man müsste eigentlich alles schneller erledigen; wenn man nur noch an morgen denkt, plant und sich sorgt; wenn man von einem Termin zum nächsten jagt und das Gefühl hat, von der Uhr getrieben durch das Leben zu rennen; wenn man keine Zeit mehr für andere Menschen findet, weil man immer auf Abruf sitzt, auch abends oder an den Wochenenden arbeitet oder zu arbeiten bereit ist und wenn man schließlich Angst hat, dass das Handy mal ausfallen könnte, weil man doch auf alle Fälle ständig erreichbar und verfügbar sein muss.

Wenn man die gesellschaftlichen Ursachen unserer Zeitkultur berücksichtigt, dann ergeben sich auch neue Ziele, etwas zu verändern, anstatt nur möglichst perfekt die Normen zu erfüllen. Und es kommen neue, andere Lösungsansätze, die nicht darauf setzen, den eigenen Umgang mit Zeit zu optimieren, zu perfektionieren, zu »managen«.

Vom Fremdzwang zum Selbstzwang

Das jedoch würde bedeuten, sich von der Zeitökonomie zu lösen, eine neue Orientierung zu finden – ein schwieriges Vorhaben, weil wir ja eben nicht nur äußeren Zwängen ausgesetzt sind. Die Normen der Zeitökonomie sind längst auch ein Teil von uns selbst, von unseren Gedanken und Anschauungen geworden. Die Normen der Zeitökonomie bedeuten: Immer mehr, maß- und grenzenlos, alles auf einmal, jederzeit an jedem Ort und sofort – danach müssen, sollen, wollen wir leben. Diese Zeitnormen machen auch jede Sekunde arbeitsfreier Zeit zum atem- und pausenlosen Dauerlauf weg vor uns selbst. Muße, Langsamkeit und Pausen sind verpönt. Aktivität und Schnelligkeit sind Selbstzweck, ein Dauerzustand des Lebens mit der Garantie auf ein schlechtes Gewissen in jeder Aus-Zeit.

Dennoch stellt sich die Frage, *warum* wir eigentlich ein schlechtes Gewissen haben, wenn wir nichts tun und uns auch niemand dazu zwingt. Hier kann Norbert Elias wieder einige hilfreiche Gedanken hinzusteuern (vgl. Elias 1984, S. XIII u. 127f.). In modernen Gesellschaften bilden sich nach Elias Zwangsmuster der Selbstkontrolle in der Zeitbestimmung heraus. Für ihn gibt es ebenfalls den Zusammenhang zwischen Gesellschaftsstruktur und Zeiterfahrung. Dem jeweiligen Gesellschaftsmodell zugehörig ist eine entsprechende Persönlichkeitsstruktur der Gesellschaftsmitglieder. Je komplexer Gesellschaften sind, desto stärker ist die Orientierung der Menschen an der Zeit.

Je komplexer das Leben und der Alltag der Individuen sind, desto abstrakter sind notwendigerweise die Zeitmuster und -orientierungen. Der vorläufige Endpunkt der Entwicklung ist die Uhrzeit.

Charakteristisch für den Zivilisationsprozess ist nach Elias die Umstellung von Fremdzwang auf Selbstzwang. Das Resultat ist die Verinnerlichung von Zeitnormen. Früher, zum Beispiel während des Übergangs zur Industrialisierung, dominierten Formen des Fremdzwangs wie Kontrolle, Disziplinierung, Stechuhren, Lohnabzüge bei Verspätungen etc. Im Laufe der Zeit wurden diese Zwänge zu Selbstzwängen. Unterstützt wurde dieser Prozess durch die erfahrbaren Formen der Fremdzwänge, durch die Allgegenwart von Uhren im Alltag, durch Fahrpläne usw. In der Folge wurde die Orientierung an der Zeit gewissermaßen zu einer eigenständigen sozialen Institution. Sie hat sich verselbstständigt, ist zu einer (scheinbaren) Selbstverständlichkeit geworden. Mit dem Ergebnis: Die Zeit-Zwänge (wie die Orientierung an der abstrakten Uhrzeit oder die Normen der Zeitökonomie) wurden verinnerlicht. Sie sind ein Teil unserer Identität geworden. Sie gehören zu uns wie eine zweite Natur. Solche Menschen (wie wir es überwiegend sind) können sich dann kaum noch vorstellen, dass es Völker ohne diese Selbstzwänge gibt.

Deshalb ist unsere Irritation (und manchmal heimliche Bewunderung) auch so groß, wenn wir auf Menschen anderer Völker treffen, denen der ständige Blick auf die Uhr fremd ist, die ohne Murren zwei Stunden auf den Bus warten, die ohne Hast ihre Arbeit verrichten, deren Ziel es nicht ist, möglichst schnell mit etwas fertig zu werden. Diese Beispiele zeigen jedoch und können uns bewusstmachen, dass es Alternativen zu unserer herrschenden Zeitkultur gibt und auch bei uns geben könnte (für eine interessante Darstellung der Vielfalt von Zeitkulturen auf unserem Globus vgl. das Buch von Levine 1998). Deshalb ist die Suche nach Alternativen nicht aussichtslos, wenngleich die These von der Verinnerlichung von Zeitnormen natürlich die Schlussfolgerung zuließe, dass die von uns entwickelten Selbstzwangmuster ein derartiges Beharrungsvermögen gegen Veränderungen haben, dass eine Befreiung aus diesen Selbstzwängen ein schier unendlicher und vielleicht erfolgloser Prozess sein muss.

Man kann es aber auch so sehen: Indem wir etwas über diese Selbstzwänge wissen, können wir sie uns bewusstmachen und unser Wissen darüber gezielt dafür einsetzen, nach realistischen Alternativen – bei uns selbst und in der Gesellschaft – zu suchen. Das ist möglich, wenn man sich klarmacht, dass unser Zeitbewusstsein zwei Ebenen hat:

»Wir haben ein schlechtes Gewissen, weil wir die Zeitnormen längst verinnerlicht haben.«

❖ Die erste Stufe unseres Zeitbewusstseins ist zunächst einmal die Fähigkeit zur gedanklichen Ordnung von Ereignissen in Kategorien der Zeit. So sind wir in der Lage, die Pluralität von Ereignissen, die wir erleben, zu unterscheiden und zu ordnen. Dafür sind Unterschiede notwendig, ein Wechsel der Abfolge. Auch brauchen Ereignisse eine Mindestdauer (die Psychologen nach Experimenten mit mindestens 0,11 Sekunden ansetzen), damit sie überhaupt wahrgenommen werden können. Kennzeichnend für die erste Stufe unseres Zeitbewusstseins ist der Wechsel. Mit den verfügbaren gedanklichen und sprachlichen Kategorien können wir Ereignisse und Zeit ordnen. Zeit ist also ein Produkt unserer Deutung.

❖ Auf der zweiten Stufe unseres Zeitbewusstseins sind wir in der Lage, unsere eigene gedankliche Vorstellung von der zeitlichen Ordnung von Ereignissen (also das Zeitbewusstsein der ersten Stufe) zu interpretieren und zu reflektieren. Auf dieser Ebene können wir zu unserem Umgang mit Zeit auf Distanz gehen. Aus der Distanzperspektive können wir unser Handeln bewerten. Wir treten aus dem Strom der Ereignisse, aus dem Fluss der Zeit, heraus. Voraussetzung für die zweite Stufe ist Reflexion. In diesem Stadium der Zeitneutralität können wir unseren Umgang mit Zeit verändern, neu entwerfen, ihn aktiv aneignen.

Weitere Einflüsse auf die Zeit-Persönlichkeit

Natürlich ist unsere Zeit-Persönlichkeit nicht reduziert auf den Einfluss gesellschaftlicher Faktoren. Und unser Umgang mit Zeit ist auch nicht nur das Resultat unserer äußeren und inneren Fremd- und Selbstzwänge. Ich möchte daher noch kurz auf eine Dimension hinweisen, die mir interessant bzw. wichtig erscheint.

Physiologische Dispositionen unserer Zeiterfahrung sind Gegenstand der Chronobiologie, einer Disziplin, die sich mit den Zeitstrukturen und Rhythmen von Lebewesen beschäftigt (zur Einführung vgl. Meier-Koll 1995, Zulley 1998, Hildebrandt 1998). Die wichtigsten Befunde kennen wir aus unserer eigenen Erfahrung. In den Nacht- und besonders in den frühen Morgenstunden ist der Körper am leistungsschwächsten, die Fehlerhäufigkeit am höchsten. Morgens schaltet der Organismus dann auf Leistung um, am Vormittag wird der Höhepunkt der Leistungskurve erreicht, körperlich wie geistig. Gegen Mittag, vor allem nach dem Mittagessen (wenn der Körper mit der Verdauung beschäftigt ist), sinkt die Leistungsfähigkeit gravierend ab und erreicht einen Tagestiefpunkt. Am Nachmittag springt unser Motor wieder voll an und startet noch einmal durch, am späten Nachmittag wird eine zweite Leistungsspitze erreicht. Am Abend geht der Organismus in Ruhestellung: Der Stoffwechsel wird reduziert, der Herzschlag geht zurück, bis dann in der Nacht wieder der Tiefpunkt der körperlichen und geistigen Leistungsfähigkeit erreicht wird. Der Wechsel leistungsstarker und leistungsschwacher Phasen ist allgemein als Bio-Rhythmus bekannt. Was in dieser Tendenz für jeden Menschen gilt, variiert jedoch von Typ zu Typ bei der genauen Uhrzeit für die einzelnen Hoch- und Tiefphasen. Durch Selbstbeobachtung kann man diese Zuordnung genauer bestimmen.

Die so genannten inneren Uhren von Lebewesen (sind natürlich in Wirklichkeit keine Uhren, denn sie gehen höchst ungenau) sind zelluläre Phänomene. Das heißt: Die Zeitstrukturen und Rhythmen sind zu einem großen Teil biologisch bestimmt. Allerdings passt sich der menschliche Körper äußeren Einflüssen in Grenzen an. Als circadianen Rhythmus bezeichnet man die Tagesperiodik biologischer Funktionen. Der wichtigste Rhythmus, der Schlaf-Wach-Rhythmus, beträgt unbeeinflusst *im Durchschnitt* circa 25 Stunden. Individuell variiert dieser Rhythmus von Mensch zu Mensch. Und unser vereinheitlichtes Maß von 24 Stunden ist nur eine Annäherung durch die Anpassung der Körper an eine Reihe sozialer und natürlicher Zeitgeber. Dazu zählen Arbeit und Freizeit, der Wechsel von Hell und Dunkel oder Lärm als Indikator für äußere Aktivität. Der wichtigste äußere Zyklus für Menschen ist der Auf- und Untergang der Sonne. Licht ist der wohl wichtigste Zeitgeber. Die Chronobiologie hat mehr als 150 biologische Rhythmen des Menschen identifiziert, die vor allem an den Tag- und Nachtwechsel gekoppelt sind (zum Beispiel Körpertemperatur, Blutdruck, Harnausscheidung, Atmung, Pulsschlag).

Maximal drei Nächte hintereinander toleriert die innere Uhr unsere Verstöße gegen das nächtliche Schlafbedürfnis. Wenn der Biotakt dauernd gestört wird (die Chronobiologie bezeichnet dies als Dysrhythmie), dann kann das zu ernsten gesundheitlichen Problemen führen: Schlafstörungen, Konzentrationsstörungen oder Herz-Kreislauf-Beschwerden sind typische Folgen. Nachgewiesen sind auch Fehlerhäufigkeiten bei a-rhythmischem Handeln im Straßenverkehr und im Flugverkehr. Verkehrsunfälle verteilen sich auffällig über den Tag, ebenso Fehler von Piloten. Die Katastrophen mit dem Tanker Excon Valdez und der Atom-GAU in Tschernobyl passierten in den frühen Morgenstunden, wenn die innere Uhr der Menschen auf Ruhe eingestellt ist.

»Bei unserer Zeiteinteilung müssen wir unsere biologischen Dispositionen beachten.«

Übung: Zeiterfahrung und Kommunikation über Zeit

Wenn wir über Zeit reden, zum Beispiel um uns zu verabreden, dann sind unsere Aussagen nur verständlich vor dem Hintergrund gemeinsamer Zeiterfahrungen der beteiligten Gesprächspartner. Wenn man einmal eine typische Gesprächssituation über Zeit analysiert, dann zeigt sich, wie voraussetzungsvoll unsere Kommunikation über Zeit ist. Das heißt: Wenn wir uns vergegenwärtigen, auf welchen Voraussetzungen unsere Verständigung über zeitliche Aspekte unseres Lebens basiert, dann wird klar, wie sehr unsere Zeitorganisation und Zeiterfahrung sozial geprägt und überhaupt nicht selbstverständlich sind. In der Situation selber erscheint uns diese Tatsache als das genaue Gegenteil: Weil wir uns mit wenigen Worten wie selbstverständlich verstehen (einschließlich vieler unausgesprochener Bezüge), können wir uns nicht vorstellen, dass andere Kulturen oder frühere Gesellschaften ein solches Gespräch nicht führen und auch nicht verstehen würden. Nehmen wir eine mögliche, typische Kommunikation:

A: »Wie spät ist es?«
B: »Halb acht.«
A: »Dann gehe ich sofort los. Schade, aber um acht Uhr muss ich im Büro sein.«

Bitte »sezieren« Sie dieses kurze Gespräch und schreiben Sie auf, welche unausgesprochenen Voraussetzungen diese alltägliche Kommunikation hat. (Auf der nächsten Seite finden Sie eine Liste möglicher Voraussetzungen, die nach meiner Auffassung diesem Gespräch zugrundeliegen können.)

_____

_____

_____

_____

_____

Mögliche Voraussetzungen dieser Gesprächssituation

❖ Die abstrakte Zeit ist von beiden als Synchronisationsmittel akzeptiert.

❖ Die Uhrzeit ist so selbstverständlich, dass nicht »halb acht Uhr«, sondern »halb acht« gesagt und von beiden verstanden wird.

❖ Die Zeitdauer für den Ortswechsel ist, in abstrakter Zeit, erwartbar (nämlich ungefähr eine halbe Stunde). Diese Erwartung basiert auf Zeiterfahrungen und ist abhängig von dem gewählten Transportmittel, um die Strecke zu überwinden.

❖ A und B sind wach. Vermutlich hat sie der Wecker geweckt, vielleicht gegen ihre innere Uhr.

❖ Die Zeit in der Gesprächssituation hat eine Qualität, die im Büro eine andere. A bedauert (»schade«), dass er gehen muss. Die Zeiterfahrung ist also abhängig vom Inhalt.

❖ Die Zeit ist knapp. Die Büro-Zeit konkurriert mit der Zeit in der Gesprächssituation.

❖ Das Stichwort »Büro« deutet darauf hin, dass Erwerbsarbeit außerhalb der Wohnung einen wesentlichen Faktor für die Zeit-Strukturierung darstellt.

❖ Es gibt offenbar einen sozialen Zwang für A, ins Büro zu gehen (»ich muss«). Vermutlich hat er einen Arbeitsvertrag oder ist als Selbstständiger gezwungen, für seine Existenzsicherung einer Erwerbsarbeit nachzugehen.

❖ Dieser soziale Zwang wird von beiden Seiten akzeptiert.

❖ Arbeit auf der einen Seite, auf der anderen Seite Freizeit, Wohnen und Leben sind zeitlich und räumlich voneinander getrennt.

❖ Pünktlichkeit als Zeitnorm wird akzeptiert und eingehalten. A muss um acht Uhr, nicht fünf vor (was weniger folgenreich wäre) oder fünf nach acht oder egal wann im Büro sein.

❖ Diese Pünktlichkeit beruht entweder auf der verinnerlichten Einstellung von A und/oder der Zeiterwartung dritter Personen, zum Beispiel dem Chef, Kollegen oder Kunden.

❖ A hat ein lineares Zeitverständnis (und B akzeptiert das). Der Zeitpunkt heute acht Uhr ist einmalig. A kann (und will) nicht morgen um acht Uhr im Büro sein (das vielleicht auch, aber auf jeden Fall heute um acht Uhr).

❖ Der Tag, an dem das Gespräch stattfindet, ist vermutlich ein Werktag und kein Sonntag. Darauf deutet der Hinweis »Büro« hin. Dahinter steht die gewachsene Aufteilung der Woche in Werk- bzw. Arbeitstage und freies Wochenende (wenngleich diese Aufteilung heute zunehmend zur Disposition gestellt wird, was allerdings lediglich unterstreicht, dass eben nichts selbstverständlich ist).

❖ A und B haben eine Arbeitsteilung. A geht ins Büro, nicht B.
❖ Wenn wir jetzt noch unterstellen, dass A ein Mann und B seine Frau ist, dann deutet das Gespräch darauf hin, dass beide sich auf eine geschlechtsspezifische Zeitverwendung geeinigt haben. A geht einem Beruf nach, B macht die Hausarbeit.

Diese Auflistung mag auf den ersten Blick etwas kleinlich erscheinen. Aber auch hinter den Kleinigkeiten stecken soziale Prägungen unseres Umgangs mit Zeit. Sie gelten eben nur auf einem bestimmten Niveau gesellschaftlicher Entwicklung von Zeitvorstellungen, nämlich unserer. Vielleicht schreiben Sie zum Spaß einmal auf, wie sich ein Bauer und eine Bäuerin im Mittelalter vor 1300 unterhalten hätten, die bei Sonnenaufgang vom Hahnenschrei aufwachen.

Folgen der Zeitökonomie

Die Zeitökonomie ist gleichzeitig Ursache und Wirkung. Sie ist der Hintergrund, das gesellschaftliche Leitbild unseres Umgangs mit Zeit. Sie ist aber auch selber Ergebnis: das Ergebnis unserer Wirtschaftsweise und unserer gesellschaftlichen Organisation. Unsere Zeitkultur prägt uns. Und diese Prägung verselbstständigt sich, wird zu unserer zweiten Natur, zu einem Teil von uns selbst. Wir erkennen sie nicht mehr als Prägung, sondern akzeptieren sie als gegeben und unveränderbar. Wenn wir in Bezug auf die Zeit sagen, *»wir können nicht aus unserer Haut«*, dann haben wir schon vergessen, dass es eine zweite Haut ist, eine künstliche.

Die Zeitökonomie – eine Medaille mit zwei Seiten

Doch bleiben wir im Bild von der Prägung. Auch Medaillen werden geprägt. Aber Medaillen haben zwei Seiten. Mit der Zeitökonomie ist es nicht anders: Sie hat zwei Seiten. Auf der einen Seite ist sie das Leitbild, dem wir hinterherhecheln (und das uns mit materiellem Wohlstand belohnt). Auf der anderen Seite stehen die Folgen.

In der »ruhelosen Gesellschaft« oder »Rund-um-die-Uhr-Gesellschaft«, wie Jürgen Rinderspacher (1987, S. 498 u. 500) sie nennt, steigt nicht nur die äußere Ruhelosigkeit. Auch der Pegel der inneren Unruhe steigt, weil man immer etwas verpassen könnte und weil man immer noch etwas zu erledigen hat. Ebenso können wir uns ein Leben ohne Uhr und Terminkalender nicht mehr vorstellen. Wir wollen immer wissen, wie spät es ist. Das ist so selbstverständlich, dass wir uns kaum noch vorstellen können, dass es in früheren Generationen anders war oder in anderen Kulturen heute noch ist. Und sofern wir davon wissen, bewerten wir andere Zeitkulturen als rückständig. Zehn Minuten vor der Zeit, das ist wahre Pünktlichkeit. Und wer zu spät kommt, den bestraft nicht nur in der politischen Weltgeschichte das Leben, sondern im Alltag der Vater, die Lehrerin oder der Chef.

Beschleunigungs- und Zeitnutzungsrituale machen Zeitnot zu einem Statussymbol. Nur wer immer erreichbar ist, wessen Handy im Zug von Köln nach Hamburg mindestens dreimal klingelt, ist wichtig. Nur wer keine Zeit hat, der ist anerkannt. Tempo, Eile und Termine sind soziale Indikatoren für Wichtigkeit. Ich eile, also bin ich. In das Guiness-Buch der Rekorde kommt man schließlich in der Regel mit Geschwindigkeitsrekorden, nicht mit Langsamkeit. Außerdem kann man Langsamkeit nicht messen oder vergleichen.

Wer sogar ausdrücklich Zeit haben will, der ist suspekt: Verdacht auf Faulheit. Und wer Zeit hat, der gilt als wertlos. Die Anforderungen der Arbeitsgesellschaft schaffen gerade für Arbeitslose, aber auch zum Beispiel für Rentner, einen hohen Legitimationsdruck, der sie hindert, ihre Möglichkeit des Nichtstuns genießen zu können. Ähnliches gilt für Studierende oder Hausfrauen, deren Arbeit im Schatten der Erwerbsarbeitsgesellschaft vielfach nicht anerkannt wird. Auch hier verhindert der Legitimationsdruck häufig, die Möglichkeiten zur freien Zeiteinteilung zu genießen. Arbeitssucht und zeitgestresste Berufstätige sind dabei lediglich die andere Seite der gleichen Medaille.

Pausenlosigkeit und Beschleunigung betreffen sämtliche Lebensbereiche: Arbeit und Freizeit, Liebe und Essen, Gefühle und Lesen oder Gespräche. Viele Beschäftigte sind inzwischen von Arbeit auf Abruf, Überstunden, Schicht- und Nachtarbeit sowie Wochenendarbeit betroffen. Gemeinsame Zeiten mit Familie oder Freunden werden dabei immer seltener. Und die Strecken, die für solche Begegnungen zu überwinden sind, werden immer größer und damit zeitaufwendiger. Stichwort: Mobilität. Wer sich dann aber im Straßenverkehr auch noch an die Geschwindigkeitsbeschränkungen hält, der wird zum Verkehrshindernis.

Also versuchen wir, Zeit zu sparen. Angebote dafür gibt es zuhauf. Fertiggerichte schieben wir in die Mikrowelle. Oder wir essen auswärts, im Fastfood-Imbiss. Gefühle werden unterdrückt statt zugelassen und verarbeitet, denn – wir haben jetzt einfach keine Zeit dafür. In der Freizeit jagen wir immer größeren Kicks hinterher, stets auf der Suche nach Neuem, gehetzt von einem Termin zum nächsten, vom Squash in die Sauna zum Bunjee-Jumping ins Kino in die Kneipe und anschließend zur Party. Auf der Arbeit, im Auto oder zu Hause dudelt das Radio, läuft der Fernseher, surfen wir im Internet, lesen E-Mails und spielen am Computer. Das Telefon klingelt, das Faxgerät piept und bei der Kurzerholung im Park klingelt das Handy. Wenn endlich einmal Ruhe ist, völlige Ruhe – dann werden wir unruhig.

Wir kriegen ein schlechtes Gewissen und fühlen uns wert- oder nutzlos, wenn wir nichts tun. Wir haben nie gelernt oder wieder verlernt, nichts zu tun. Haben wir einmal freie Zeit, dann verspüren wir eine innere Leere. Anstatt die (seltene) freie, leere Zeit als eine Chance zur Entspannung und Be-

»Wir haben nie gelernt,
nichts zu tun.«

sinnung, als Möglichkeit des Zu-sich-Kommens zu schätzen, meiden wir sie lieber. Ja, wir rennen förmlich vor ihr weg. Vielleicht haben wir Angst, in solchen Phasen der Besinnung keine Antwort auf die Frage zu finden, welchen Sinn unsere Ruhelosigkeit hat. Auch aus Angst vor dieser inneren Leere flüchten wir in Aktivismus. Wir rennen mit high-speed vor uns selbst davon.

Die Schattenseiten der Zeitökonomie

Doch die Zeitökonomie hat ihre Schattenseiten. Der früher unbekannte Ort Eschede ist zu einer Metapher für die Risiken der Hochgeschwindigkeitstechnologie geworden. Rückrufaktionen in der Automobilindustrie sind ebenso ein kontraproduktiver Effekt der Beschleunigung in der Industrie wie die BSE-Seuche in der Landwirtschaft: Rinder, die eigentlich Vegetarier sind, wurden durch Tiermehl zu Fleischfressern gemacht, um das Muskelwachstum zu beschleunigen. Der Elch-Test hat nicht nur einen ganzen Konzern der Lächerlichkeit preisgegeben. Er ist auch zum Synonym geworden für die Widersprüche der Beschleunigung in der Konstruktion von Industrieprodukten. Der versöhnliche Hinweis, dass es in Mitteleuropa wenig Elche gibt, konnte dieses Dilemma nicht auflösen. Entscheidend ist nicht mehr, dass man ankommt, sondern dass man möglichst schnell ankommt, egal wie, ob tot oder lebendig. Ein Plakat, das für rücksichtsvolles Autofahren und angemessene Geschwindigkeiten wirbt, zeigt ein Holzkreuz am Straßenrand mit der Bildunterschrift: »Jetzt überholen ihn die anderen.«

Nicht nur in der Wirtschaft birgt die Zeitökonomie Risiken. Das Streben nach immer mehr, ein Leben nach Zeitplan, mit Terminkalender und Uhr, hat seinen Preis: Der Schreibtisch quillt über. Man weiß nicht mehr, womit man anfangen soll. Wir reagieren nur noch auf Drängendes und Befristetes und haben ständig das Gefühl, verplant zu sein. Bei vielen wächst das Gefühl, keine Zeit für sich selbst, für Freunde, Familie oder Kinder zu haben, also für Dinge, die einem persönlich wirklich wichtig sind.

Private Probleme sind eine häufige Folge unserer Zeitnot und Zeitverdichtung. Innere Unruhe und permanente Ungeduld werden zum ständigen Lebensbegleiter. Wir können nicht Nein sagen. Wir wollen möglichst viel und möglichst perfekt tun. Dabei fühlen wir uns zunehmend überfordert. Terminstress, Erledigungsjagd, Stress und Hektik sind auf Dauer nicht nur Statussymbole. Sie werden vielmehr zu einer ernsthaften Belastung. Psychosomatische Krankheiten wie Magen-Darm-Probleme, Herz-Kreislauf-Störungen, Kopf- und Rückenschmerzen können die Folge sein.

Das »Leiden an der Schnelligkeit« diagnostizierte ausgerechnet die Studie eines Schweizer Uhrenherstellers, der International Watch Company. Die Studie hat jedoch auch eine Gruppe von Menschen ausgemacht, die einen neuen Zeit-Stil pflegt: die Slobbys, die *slower but better working people.* Slobbys sind zwar noch die Ausnahme. Doch ein Unbehagen an der herrschenden Zeitkultur breitet sich aus – und die Einsicht, dass sich bestimmte Tätigkeiten wie Pflege, Heilung oder die Erziehung von Kindern nicht beschleunigen lassen. Aber auch bei anderen Tätigkeiten verspüren immer mehr Menschen ein Bedürfnis nach Ruhe und angemessenen Zeiten.

Wenn ich den gesellschaftlichen Hintergründen unseres Umgangs mit Zeit relativ viel Raum (und Zeit) gewidmet habe, dann um eines klarzumachen: Unser vorherrschender Umgang mit Zeit ist nicht selbstverständlich, naturgewachsen oder ähnliches. Er ist geschichtlich und gesellschaftlich bedingt. Wer es immer noch nicht glaubt, oder wem dieser skizzenhafte Aufriss nicht genügt, den möchte ich auf andere Literatur verweisen, die sich ausführlich mit der Zeitkultur anderer Völker beschäftigt (Levine 1998). Historisch gesehen und im »globalen Dorf« sind wir eine Multikultur der Zeitformen. Unsere moderne Zeitkultur ist eine von vielen. Und zwar *nur* eine.

Zeitmanagement – die große Illusion

Ein Ansatz verspricht die Lösung aller Zeit-Probleme: Zeitmanagement. Das traditionelle Zeitmanagement verspricht Effizienz und sagt Zeit-Dieben den Kampf an. Zu diesen Zeit-Dieben werden zum Beispiel gezählt: Telefon, Besucher, Besprechungen, Papierkram, fehlende Ziele oder fehlende Selbstdisziplin. Zeitmanagement ist zu einem Klassiker der Personalentwicklung geworden. Es ist gewissermaßen ein Muss für Führungskräfte. Denn das Bild von Managern entspricht einem allseits unter Termindruck stehenden, stets geschäftigen Businessman. Ich bin busy, also bin ich. Zeitnot ist ein Statussymbol. Wer Zeitmanagement braucht, der muss wichtig sein. Mit Zeitmanagement, so versprechen uns die Titel einschlägiger Ratgeber, können wir Zeit gewinnen, schaffen wir mehr in weniger Zeit, gewinnen wir täglich eine Stunde, erhalten wir mehr Zeit für das Wesentliche usw.

Auch eine Reihe von Seminaren auf dem Weiterbildungs-Markt verspricht dies. Sündhaft teuer – denn Zeit ist Geld – sind Ein-Tages-Power-Seminare für erfolgreiches Zeitmanagement. Dafür wird versprochen, dass Sie in zwölf Stunden lernen, *»wie Sie Ihre Zeit effektiv managen, Ihre Leistung steigern, den Alltagsstress abbauen, klare Prioritäten setzen, mehr Freiraum für Kreativität, Strategie und Familie schaffen und wie Sie Ihre persönlichen Ziele noch besser erreichen.«* (Anzeige des Seiwert-Instituts in Manager-Seminare, Heft 31, II. Quartal 1998)

An anderer Stelle verspricht der deutsche Zeitmanagement-Papst Lothar Seiwert: *»Neue Wege, wie Sie es schaffen, mehr Übersicht über anstehende Aktivitäten und Prioritäten zu gewinnen, mehr Freiraum für Kreativität zu erhalten, Stress bewusst zu bewältigen, mehr Freizeit, d.h. mehr Zeit für Familie, Freunde und sich selbst zu gewinnen, Ihre Ziele konsequent und systematisch zu erreichen, damit Ihr Leben Sinn und Richtung bekommt.«* (Seiwert 1997a, S. 16) Und als Vorteile des Zeitmanagements werden angepriesen: *»Aufgabenerledigung mit weniger Aufwand, bessere Organisation der eigenen Arbeit, bessere Arbeitsergebnisse, weniger Hektik und Stress, größere Arbeitszufriedenheit, höhere Arbeitsmotivation, Qualifikation für höhere Aufgaben, geringerer Arbeits- und Leistungsdruck, weniger Fehler bei der Aufgabenerledigung, besseres Erreichen der Arbeits- und Lebensziele«* und als größter Vorteil: *»Sie nutzen und sparen Ihre knappste und wichtigste Ressource: Ihre Zeit!«* (Seiwert 1997, S. 17)

Soweit so gut, aber vielleicht nicht gut genug. Denn trotz dieser Verlockungen gerät das traditionelle Zeitmanagement immer häufiger in die Kritik. Äußerungen wie »Letztlich hat es mir nichts gebracht« sind immer häufiger zu hören. Die Ursachen dafür liegen im Zeitmanagement selbst und in unserer Zeitkultur.

Philosophie und Methoden des Zeitmanagements

Dem traditionellen Zeitmanagement liegen zwei Annahmen zugrunde:

❖ Zeit ist ein knappes Gut. Diese ökonomische Sicht betrachtet Zeit als eine Ressource, die bewirtschaftet werden *muss*, sowohl die Arbeitszeit als auch die persönliche Lebenszeit.

❖ Zeit *kann* bewirtschaftet werden. Es stehen Methoden dafür bereit: »*Zeitmanagement bedeutet, die eigene Zeit und Arbeit zu beherrschen, anstatt sich von ihnen beherrschen zu lassen.*« (Seiwert 1997a, S. 15; für die folgende Darstellung vgl. Seiwert 1997 und 1997a)

Dafür hat das Zeitmanagement eine Reihe von Regeln und Prinzipien aufgestellt. Die Wichtigsten sollen im Folgenden kurz dargestellt werden. Die ganz Eiligen unter den Leserinnen und Lesern können dies als Schnellkurs im Zeitmanagement nutzen. In diesem Zusammenhang ist die Darstellung jedoch gedacht als Voraussetzung für eine kritische Auseinandersetzung, um nach neuen Wegen zum Zeitwohlstand suchen zu können.

Die Prinzipien des traditionellen Zeitmanagements:

❖ Optimale Nutzung der Zeit
❖ Das Pareto-Prinzip: die 80:20-Regel
❖ Ziele setzen
❖ Prioritäten setzen: ABC-Analyse
❖ Zeitplanung
❖ Delegation
❖ Rationelle Information und Kommunikation
❖ Konsequenz und Selbstdisziplin

Optimale Nutzung der Zeit

Wir sollen unsere Zeit für berufliche und persönliche Ziele einsetzen und optimal nutzen. Das heißt: »*Die Zeit, die uns zur Verfügung steht, muss für die Erreichung beruflicher und persönlicher Ziele bewusst eingesetzt werden.*« (Seiwert

1997a, S. 16). Zeitmanagement wird definiert als *»die konsequente und ziel-orientierte Anwendung bewährter Arbeitstechniken in der täglichen Praxis, um sich selbst und die eigenen Lebensbereiche so zu führen und zu organisieren (= ›zu managen‹), dass die zur Verfügung stehende Zeit sinnvoll und optimal ge-nutzt wird.«* (Seiwert 1997, S. 14)

Das Pareto-Prinzip: die 80:20-Regel

Das Pareto-Prinzip, die 80:20-Regel, besagt, dass wir in 20 Prozent der Zeit 80 Prozent unserer Arbeitsergebnisse schaffen, und in 80 Prozent der Zeit nur 20 Prozent. Der Namenspatron dieses Prinzips, der italienische Ökonom Vil-fredo Pareto (1848-1923), hatte entdeckt, dass nur 20 Prozent der Bevölke-rung 80 Prozent des Vermögens besaßen. Dieses 80:20-Verhältnis wurde in der Folge auch auf andere Bereiche übertragen. So sollen 20 Prozent der Kunden 80 Prozent des Umsatzes bringen, 20 Prozent der Zeitung enthalten 80 Prozent der Nachrichten, 20 Prozent der Besprechungszeit bringen 80 Pro-zent der Beschlüsse, 20 Prozent der Schreibtischarbeit bringen 80 Prozent der Arbeitsergebnisse etc. In Bezug auf die Zeiteinteilung fordert der Zeitmanage-ment-Ansatz hieraus, den 20:80-Erfolgsverursachern Priorität einzuräumen. Voraussetzung für Zeitmanagement ist eine Bestandsaufnahme und Bewer-tung aller Tätigkeiten und Störungen.

Ziele setzen

Wir sollen uns Ziele setzen, lang-, mittel und kurzfristig, und unsere Arbeit darauf ausrichten. Ein erfolgreiches Leben braucht demnach Ziele und ein Lebenskonzept. Nur so kann ein direkter Zusammenhang zwischen den viel-fältigen Aktivitäten und Aufgaben von heute und dem Erfolg und der Zufrie-denheit von morgen hergestellt werden. Durch Ziele werden auch unterbe-wusste Kräfte auf das Handeln ausgerichtet. Zielsetzung wird als eine notwen-dige Bedingung für erfolgreiches Zeitmanagement genannt. *»Zielsetzung bedeutet Vorausschau in die Zukunft sowie Ausrichtung und Konzentration un-serer Kräfte auf das, was erreicht werden soll. Ziele beschreiben also Ergebnisse. Es kommt nicht darauf an, was Sie tun, sondern wozu Sie etwas tun.«* (Seiwert 1997, S. 50) Die Wunsch- und Lebensziele sollen nach zeitlichen Kriterien dif-ferenziert werden, also lang-, mittel- und kurzfristig. Die Ziele sollen schrift-lich fixiert, gestaffelt und der Weg dorthin zeitlich geplant werden.

Lebensplan (Auszug aus Seiwert 1997, S. 77)

Lebensbereich	Nr.	Lebensziel Wunschziel	Bedeutung, Wichtig- keit	Termin Jahr	Handlungsziele, Maßnahmen, nächste Schritte	Termin bis wann?	Kontrolle
Besitz, Geld	4	Eigenheim (Bungalow) in einer landschaft- lich reiz- vollen Gegend	hoch	2005	Grundstück- suche	2000	
					Bausparver- träge ab- schließen	1999	
					Eigenkapital beschaffen	2002	
					Eigentums- wohnung ge- winnbringend verkaufen	2004	

Karriereplan (Auszug aus Seiwert 1997, S. 81)

Nr.	Wunschziele, Karriereziele, Berufsziele	Bedeutung, Wichtigkeit	Termin Jahr	Handlungsziele, Maßnahmen, nächste Schritte	Termin bis wann?	Kontrolle
3	Partner einer mittleren Kanzlei werden	hoch	2002	Verkaufserfahrung	1998	
				Erwerb spezieller Fachkenntnisse	1999	

Prioritäten setzen: ABC-Analyse

Nach dem Motto »*Es ist besser, die richtige Arbeit zu tun (= Effektivität), als eine Arbeit richtig zu tun (= Effizienz)*« (Seiwert 1997a, S. 47) sollen wir Prioritäten setzen und Aufgaben nach der ABC-Analyse bewerten: A-Aufgaben sind sehr wichtig, B-Aufgaben durchschnittlich wichtig und C-Aufgaben weniger wichtig. Deshalb stellt sich die Frage: Welche Tätigkeiten gehören zu den Erfolgsverusachern? Welche zu den Zeitverschwendern? Die Voraussetzung für effektives Arbeiten – wobei man sich möglichst während einer bestimmten Zeit nur einer einzigen Aufgabe widmen soll – heißt also: Prioritäten setzen. Und das bedeutet: Entscheiden, welche Aufgaben erstrangig, welche zweitrangig usw. sind und die Aufgaben mit der höchsten Priorität zuerst erledigen. Als Vorteile werden genannt: Man arbeitet nur an wichtigen und notwendigen Aufgaben; die Aufgaben können in der Reihenfolge ihrer Dringlichkeit bearbeitet werden; die Konzentration auf jeweils eine Aufgabe wird verbessert; man kann Aufgaben delegieren, die andere erledigen können; und am Ende eines Tages sind zumindest die wichtigsten Aufgaben erledigt.

Als Kriterien für die (einfache) ABC-Analyse werden definiert:
- ❖ **A**-Aufgaben = wichtigste Aufgaben, können nur von der Person selbst durchgeführt werden, sind nicht delegierbar.
- ❖ **B**-Aufgaben = durchschnittlich wichtig und delegierbar.
- ❖ **C**-Aufgaben = geringster Wert für die Erfüllung einer Funktion, jedoch größter Zeitanteil an der Arbeit (wie Routinearbeiten, Papierkram, Lesen, Telefonieren, Akten, Korrespondenz etc.).

Zwar sollen nicht nur noch A-Aufgaben erledigt werden. Aber durch die Prioritätensetzung soll eine ausgewogene Relation und richtige Rangordnung der Tätigkeiten erreicht werden. Zur Durchführung der ABC-Analyse sollen alle Aktivitäten aufgelistet werden (zum Beispiel für einen Tag). Dann sollen die Aufgaben nach Wichtigkeit (nicht nach Dringlichkeit) geordnet und durchnummeriert werden. Die ersten 15 Prozent der Aufgaben werden als A-Aufgaben bewertet, die nächsten 20 Prozent der Aufgaben als B-Aufgaben und die letzten 65 Prozent als C-Aufgaben. Für die praktische Anwendung soll die Gewichtung umgekehrt proportional sein: Es sollen nur ein bis zwei A-Aufgaben pro Tag eingeplant und dafür 65 Prozent der verplanten Zeit reserviert werden. Für weitere zwei bis drei B-Aufgaben soll rund 20 Prozent der verplanten Zeit vorgesehen werden. Der Rest, also 15 Prozent der verplanten Zeit, ist für C-Aufgaben zu reservieren. Die B- und C-Aufgaben sollen daraufhin überprüft werden, ob sie delegiert werden können.

Als eine weitere Möglichkeit wird die Prioritätensetzung nach dem Eisenhower-Prinzip (benannt nach dem ehemaligen US-General und Präsident Dwight Eisenhower) vorgeschlagen. Hier wird das Kriterium der Wichtigkeit um das Kriterium Dringlichkeit erweitert.

Der Kriterienkatalog für die ABC-Analyse lautet dann:

❖ **A**-Aufgaben = wichtig und dringlich; Empfehlung: selbst und sofort tun.

❖ **B**-Aufgaben = wichtig, aber (noch) nicht dringlich; Empfehlung: warten, aber planen und terminieren, ggf. kontrolliert delegieren.

❖ **C**-Aufgaben = nicht wichtig, aber dringlich; Empfehlung: delegieren oder nachrangig erledigen.

In den Papierkorb kommen Aufgaben, die weder wichtig noch dringlich sind.

Zeitplanung

Dann sollen wir unsere Zeit planen, mit Mehrjahresplänen bis hin zum täglichen Zeitplan. Versprochen wird ein Zeitgewinn durch Zeitplanung. Durch acht bis zehn Minuten Planung täglich sollen 10 bis 20 Prozent der Zeit eingespart werden. Das bedeutet einen Zeitgewinn von ein bis zwei Stunden pro Tag. »*Zeitplanung will die wirtschaftliche Nutzung des vielleicht kostbarsten Gutes ›Zeit‹ sicherstellen, nämlich entweder die zur Verfügung stehende Zeit für die ertrag- und erfolgreichsten Tätigkeiten einsetzen (Maximalkriterium) oder die angestrebten und fixierten Ziele mit einem möglichst geringen Zeitaufwand erreichen (Minimalkriterium).*« (Seiwert 1997, S. 86)

Für die Zeitplanung wird ein hierarchisch gegliedertes, mehrstufiges Verfahren empfohlen. Zunächst ist ein Mehrjahresplan zu erstellen mit Zielen für die nächsten fünf Jahre. Dann sind alle Ziele eines Jahres zu einem Jahresplan zusammenzufassen. Der Jahresplan ist aufzugliedern in Quartalspläne, aus denen die Aufgaben für die Monatspläne zu übernehmen sind. Je näher Fristen rücken, desto feiner und genauer ist zu planen. Entsprechend sind aus dem Monatsplan die Aufgaben für den Wochenplan abzuleiten, aus dem sich wiederum die Tagespläne ableiten. Hier sind auch Routinetätigkeiten, Freiräume etc. einzuplanen. Am Ende eines jeden Planungszeitraumes steht ein Soll-Ist-Vergleich. Unerledigtes ist zu übertragen auf den nächsten Zeitraum. Ggf. sind Streichungen bzw. Ergänzungen durch neue Aufgaben notwendig.

Für die Tagesplanung soll die Leistungskurve beachtet werden. Ausgehend von der statistischen, durchschnittlichen täglichen Leistungsbereitschaft ist der persönliche Tagesrhythmus durch systematische Beobachtung herauszufinden. Grundsätzlich gilt: Der Leistungshöhepunkt ist am Vormittag, das Nachmittags-Tief kommt nach dem Essen, ein Zwischenhoch ist am frühen Abend und nach Mitternacht ein absoluter Tiefpunkt. A-Aufgaben sollen während des Leistungshochs am Vormittag erledigt werden; das Leistungstief am Mittag und frühen Nachmittag eignet sich am besten für soziale Kontakte (sind ja schließlich nicht wichtig) und C-Aufgaben; der spätere Nachmittag soll für wichtigere B-Aufgaben genutzt werden.

Es gilt das Prinzip der Schriftlichkeit: Dafür ist ein Zeitplanbuch zu benutzen als Arbeits-, Ordnungs- und Selbstdisziplinierungsmittel. Hierfür gibt es inzwischen auch elektronische Organizer. Als Vorteile der Schriftlichkeit werden genannt:

❖ Überblick gewinnen.
❖ Arbeitsentlastung des Gedächtnisses.
❖ Systematische und zielorientierte Planung aller Vorhaben, Termine und Aufgaben.
❖ Selbstmotivation durch Zielorientierung und straffe Befolgung des Tagespensums.
❖ Bessere Konzentration, weniger Ablenkung.
❖ Durch Kontrolle der Tagesergebnisse geht Unerledigtes nicht verloren.

Mit der ALPEN-Methode (vgl. Seiwert 1997, S. 108f.) ist die Zeitplanung systematisch zu planen:
❖ **A**ufgaben und Termine aufschreiben.
❖ **L**änge der Aktivitäten einschätzen.
❖ **P**ufferzeiten reservieren nach der 60:40-Regel: 60 Prozent verplante Zeit, 20 Prozent für Unerwartetes, 20 Prozent für Spontanes.
❖ **E**ntscheidungen über Prioritäten, Kürzungen, Delegation (ABC-Analyse).
❖ **N**achkontrolle, Unerledigtes auf den nächsten Tag übertragen.

Delegation

Möglichst viele unserer Aufgaben, vor allem C- und einen Teil der B-Aufgaben, sollen wir delegieren, um Zeit für die wichtigen Aufgaben zu haben (vgl. Seiwert 1997, S. 141ff.). Delegation wird als Schlüssel zum Erfolg bei der Umsetzung des Zeitmanagements hervorgehoben. Dabei soll Delegation Vorteile sowohl für die Führungskraft als auch die Mitarbeiter haben, nämlich Selbstentlastung der Führungskraft (mehr Zeit für A-Aufgaben) sowie Motivation und Entwicklung der Mitarbeiter.

Natürlich geht Delegation nicht so ohne weiteres. Man muss delegieren wollen und können. Das Zeitmanagement weiß auch, dass es Widerstände gegen Delegation gibt: Man weiß vielleicht selbst nicht genau, was wie zu erledigen ist; man glaubt, die Arbeit selbst schneller und besser erledigen zu können; man hängt an einer bestimmten Aufgabe; man befürchtet, der Mitarbeiter könnte die Aufgabe besser erledigen etc. Deshalb sind bestimmte Regeln zu beachten, um erfolgreich zu delegieren. Zunächst ist festzulegen, was getan werden soll. Dann ist zu bestimmen, wer mit welchem Ziel die Aufgabe erledigen soll. Schließlich muss vereinbart werden, wie und bis wann die Aufgabe erledigt werden soll.

Der Vorgesetzte muss geeignete Mitarbeiter auswählen, Verantwortungsbereiche abgrenzen und die delegierten Aufgaben koordinieren. Er muss seine Mitarbeiter fördern, beraten sowie ausreichend und rechtzeitig informieren. Seine Aufgabe ist die Ablauf- und Erfolgskontrolle und die Beurteilung der Mitarbeiter. Das Zeitmanagement empfiehlt, kontrolliert auch mittel- und langfristige Aufgaben zu delegieren. Täglich soll so oft und so viel wie möglich delegiert werden, nicht nur an Mitarbeiter, sondern auch an externe Servicestellen. Allerdings kann und darf nicht alles delegiert werden. Nicht delegiert werden sollen: Führungsaufgaben wie Zielsetzung und unternehmenspolitische Entscheidungen, Führung und Motivation der Mitarbeiter, Aufgaben von großer Tragweite oder mit hohem Risikoanteil, außergewöhnliche Sonderfälle, eilige Aufgaben und streng vertrauliche Angelegenheiten.

Rationelle Information und Kommunikation

Außerdem sollen wir uns rationell informieren und kommunizieren. Information und Kommunikation ist im Sinne des Zeitmanagements die rationelle Bewältigung der Informations- und Kommunikationsvorgänge und -aufgaben. Als Vorbild für das Prinzip kann man sich an Telekom-Chef Ron Sommer orientieren. (Man kann es aber auch sein lassen – und sollte es vielleicht auch, wenn man nicht gerade Vorstandsvorsitzender ist.) Ron Sommer empfängt Besucher im Stehen. Der Verzicht auf die Einladung zum Hinsetzen soll vermeiden, dass die Besucher ein langes Gespräch beginnen.

Ein Beispiel für rationelle Information: Gezieltes, selektives Lesen hilft, Zeit zu sparen. Vor dem Lesen muss man sich fragen: Was muss ich lesen? Was soll ich lesen? Was will ich lesen? Was will ich damit anfangen? Was kann ich später lesen? Was brauche ich überhaupt nicht zu lesen? Die Rationalisierung des Lesens hat Methode, die SQ3R-Methode von F. Robinson (vgl. Seiwert 1997, S. 241ff.):

❖ **Su**rvey: Überblick gewinnen (Vorwort, Einleitung, Inhaltsverzeichnis, Register am Ende).
❖ **Q**uestion: Fragen an den Text stellen für gezieltes Lesen.

❖ Read: Schnell-Lesen, Unterstreichungen etc. (es wird ein Schnell-Lese-Training empfohlen; ohne Training erreicht man ca. 250 Wörter pro Minute, mit Training bis zu 500 oder mehr).

❖ Recite: Rekapitulieren (Vergegenwärtigen des Textes mit Hilfe der Fragen von Schritt 2).

❖ Review: Wiederholendes Lesen zum Herausschreiben der wichtigsten Dinge.

Ein weiteres Beispiel für rationelle Kommunikation: Auch Telefonieren, empfiehlt das Zeitmanagement, sollte in erster Linie ein Instrument der rationellen Information und Kommunikation sein. Der Vorteil ist die Zeitersparnis. Denn das Telefon unterliegt einem Paradoxon: Es ist eines der effektivsten Mittel zum Zeitsparen, aber auch eines der häufigsten Zeitfresser überhaupt. Im Übrigen sollen auch Besprechungen, Besuche und Korrespondenz rationell organisiert und durchgeführt werden.

Für rationelles Telefonieren ist das Angerufenwerden zu organisieren: Potenzielle Anrufer sollen informiert werden, wann man nicht erreichbar bzw. zu sprechen ist und wann man sehr wohl erreichbar ist. Tägliche Telefonsprechzeiten sollen die Anrufe kanalisieren. Umgekehrt soll man andere, die mit einer Nachricht rechnen, nicht warten lassen, sondern pünktlich anrufen, bevor man selber angerufen wird. Alle Telefonate soll man über die Sekretärin (wenn man eine hat) oder den Anrufbeantworter laufen lassen. Mit einem rationellen Rückrufsystem sollen Anrufe gebündelt in Telefonblöcken durch Rückrufe erledigt werden. Die Telefonliste soll in einer Rangfolge nach Priorität abgearbeitet werden. Unwichtige Telefonate sind dabei möglichst zu unterlassen. Telefongespräche sind rationeller, wenn sie mit einer Checkliste vorbereitet werden: Was will ich? Von wem? Wann kann ich am besten anrufen? Welche Fragen habe ich? Welche Unterlagen brauche ich? Was sind meine Argumente? Was sind mögliche Argumente oder Einwände des Gesprächspartners? Auch für das Telefonieren sind unbedingt Delegationsmöglichkeiten zu prüfen.

Konsequenz und Selbstdisziplin

Schließlich betont das traditionelle Zeitmanagement, wie wichtig Konsequenz und Selbstdisziplin sind, um diese Regeln einzuhalten. »Seien und bleiben Sie konsequent, wenn Sie mit schriftlichen Tagesplänen und Prioritäten arbeiten. Ein Zeitplanbuch erfordert in der Startphase eine gewisse Selbstdisziplin«

(Seiwert 1997a, S. 102). Außerdem: Man soll sofort damit anfangen. »Dieses ist der erste Tag vom Rest deines Lebens« ist eine gern wiederholte Mahnung in Zeitmanagement-Ratgebern.

Weitere Regeln des Zeitmanagements

Für den ersten und für die folgenden Tage »vom Rest deines Lebens« stellt das Zeitmanagement weitere Regeln auf, *die »Organisationsprinzipien zur Tagesgestaltung«* (vgl. Seiwert 1997, S. 161ff.). Detaillierte Tipps für den Tagesbeginn, den Tagesverlauf und den Tagesschluss sollen helfen, das Leben ultimativ erfolgreich, das heißt, rationeller zu gestalten: letzte Rentabilitätsreserven für den neuen Zeit-Bewirtschaftungsexperten.

Tagesbeginn

❖ Mit einer positiven Einstimmung soll man in den Tag starten und sich nach den drei Positiv-Regeln fest vornehmen: jeden Tag etwas zu tun, das sehr viel Freude bereitet, etwas, das Sie Ihren persönlichen Zielen näher bringt und etwas, das Ihnen einen Ausgleich zur Arbeit schafft.

❖ Ein gutes Frühstück und ohne Hast ins Büro sichert einen guten Start in einen guten Tag.

❖ Mit der Arbeit ist möglichst zu konstanten Zeiten zu beginnen. Der Mensch ist ein Gewohnheitstier.

❖ Dann ist der Tagesplan (der am Vorabend gemacht sein muss) zu überprüfen und gegebenenfalls zu korrigieren.

❖ Die Schwerpunktaufgabe des Tages gehört an den Anfang. Die wichtigste Tagesaufgabe (A-Aufgabe) mit der höchsten Priorität soll zuerst erledigt werden. Erst danach darf die Zeitung gelesen oder die Post durchgesehen werden. Damit wird sichergestellt, dass am Tagesende wenigstens wichtige Aufgaben erledigt sind.

❖ Die so genannte Anlaufzeit im Büro soll verkürzt werden. Auf Rituale wie lange Begrüßungen, die Unterhaltung über das Fernsehprogramm von gestern etc. soll verzichtet werden. Wenn überhaupt, dann sollen diese Aktivitäten in den leistungsschwächeren Zeiten am Nachmittag erfolgen.

❖ Dann ist der Zeitplan mit Ihrer Sekretärin abzustimmen. Das ist wichtig für die Abstimmung, für eine effektive Arbeit der Sekretärin und für die gelungene Abschirmung vor Störungen.

Tagesverlauf

❖ Die anliegende Arbeit soll gut vorbereitet werden, indem Unterlagen bereitgelegt, Besprechungen vorbereitet, Listen für Telefonate erstellt werden etc.

❖ Man soll versuchen, feste Termine im Sinne der eigenen Zeitplanung zu beeinflussen (Leistungskurve, störanfällige Zeiten, stille Stunden etc.).

❖ Ungeplante, impulsive Tätigkeiten sollen vermieden werden, zum Beispiel ein spontaner Wunsch, jemanden anzurufen. Besser soll es sein, sich eine kurze Notiz zu machen und das später zu erledigen.

❖ Rechtzeitige, regelmäßige Pausen und ein angemessenes Arbeitstempo werden empfohlen. Als Faustregel gilt: nach einer Stunde Arbeit zehn Minuten Pause. Der optimale Effekt einer Pause tritt nach Überzeugung der Zeitmanager in den ersten zehn Minuten ein. Wichtig sind regelmäßige, aber kurze Pausen und Sauerstoffzufuhr.

❖ Kleinere, ähnliche Aufgaben sollen als Serienproduktion erledigt werden, zum Beispiel Telefonate oder Korrespondenz. Statt in 6×10 Minuten sollen solche Aufgaben in einem Block von 60 Minuten abgearbeitet werden, um die jeweilige Anlaufzeit und Arbeitsvorbereitung zu verkürzen.

❖ Angefangene Arbeiten sind sinnvoll abzuschließen. Unterbrechung und Neubeginn mit einer Wiedereinarbeitung kosten mehr Zeit. Deshalb soll möglichst realistisch geplant werden, wie viel Zeit für eine Aufgabe benötigt wird.

❖ Zeitüberhänge (zum Beispiel Leerlauf- und Wartezeiten, die letzten Minuten vor der Mittagspause etc.) soll man nutzen für vorbereitende, planerische oder Routinetätigkeiten.

❖ Unter Berücksichtigung der Tages-Störkurve soll man antizyklisch arbeiten. Stille Stunden sind in störarmen Zeiten einzurichten. Bei Störungen braucht man eine zusätzliche Anlauf- und Einarbeitungszeit, um an der gleichen Stelle weiterzuarbeiten. Deshalb soll möglichst eine Stunde pro Tag störungsfrei gearbeitet werden, um äußerst wichtige Arbeiten (A-Aufgaben) zu erledigen. Eine stille Stunde soll wie jeder andere wichtige Termin im Tagesplan eingetragen werden. Umgekehrt gilt: Während störanfälliger Zeiten sollen weniger wichtige Aufgaben (C-Aufgaben) erledigt werden.

Tagesschluss

❖ Unerledigtes ist abzuschließen. Jeder Aufschub erfordert eine neue Beschäftigung und neue Einarbeitung.

❖ Vor der Heimfahrt hat ein Soll-Ist-Vergleich zur Ergebnis- und Selbstkontrolle zu erfolgen. Der Tagesplan wird mit den erreichten Zielen verglichen.

❖ Dann wird der Zeitplan für den nächsten Tag mit der ALPEN-Methode gemacht. Nicht erledigte Aufgaben sind auf den nächsten Tag zu übertragen.

❖ Mit positiver Stimmung geht es dann nach Hause, indem man sich bewusst macht, welchen Wert der Tag für einen hatte.

❖ Jedem Tag soll der neue Zeit-Optimierer seinen Höhepunkt geben. Dafür soll man überlegen, wie man den Abend verbringen will. Immerhin überlässt es das Zeitmanagement dafür jedem selbst, wo, wie und mit wem er seinen Höhepunkt haben will.

Kritik des Zeitmanagements

Nun soll nicht alles ironisiert und verteufelt werden, was das traditionelle Zeitmanagement proklamiert. Für den einen oder anderen mögen der Ansatz oder einige Empfehlungen richtig sein. Wenn er oder sie es außerdem umsetzen kann und damit zufrieden ist – umso besser. Auch mir erscheinen einige Vorschläge durchaus sinnvoll. Dazu gehören ein gutes Frühstück und die Mahnung, ohne Hast zur Arbeit zu fahren, Selbstentlastung durch Delegation und die Empfehlung, nur einen Teil der Zeit zu verplanen. Auch der Hinweis auf Prioritätensetzung, um sich auf das Wesentliche zu konzentrieren, ist gut. Aber was ist eigentlich das Wesentliche für eine Person? Selektieren, also weniger tun und auf einiges verzichten, ist sinnvoll. Aber was sind die Selektionskriterien: Erfolg oder Zufriedenheit? Die Empfehlung, regelmäßig Pausen zu machen, wird hier ebenfalls unterstützt. Das darf allerdings nicht starr sein, sondern muss dem eigenen Rhythmus und den Bedürfnissen entsprechend eingeteilt werden.

Zeit-Diebe bereichern das Leben

»Viele Zeit-Diebe gehören zum Leben und bereichern es.«

Das traditionelle Zeitmanagement verspricht Effizienz und sagt Zeit-Dieben den Kampf an. Doch warum eigentlich dieser erbitterte Kampf gegen Zeit-Diebe? Hier fängt die Kritik an, die für zeitrational denkende Manager zunächst etwas ungewohnt klingen mag. Viele Störungen, die als Zeit-Diebe denunziert werden, gehören zum Leben und bereichern es auch. Dagegen entpuppen sich die polizeilichen Maßnahmen gegen die Zeit-Diebe als Betrugsmanöver. Zeitmanagement wälzt die Anpassungsprobleme auf die zeitgestressten Individuen ab, indem die gesellschaftlichen Hintergründe der Zeitnot ignoriert werden. Zeit-Probleme sind jedoch im Wesentlichen gesellschaftlich verursacht.

Beim traditionellen Zeitmanagement wird Zeit wie selbstverständlich als eine wirtschaftliche Ressource gesehen, die entsprechend optimal zu nutzen ist. Zeit ist jedoch erst seit der Industrialisierung ein knappes Gut. Die ökonomische Sichtweise ist also alles andere als selbstverständlich und sollte vor allem nicht für alle Lebensbereiche gelten. Zeitmanagement heißt zielorientierte und optimale Nutzung der Zeit. Diese Norm haben wir seit der Kindheit (durch Eltern, Schule, Beruf etc.) gelernt. Heute kommt es eher darauf an, wieder zu lernen, wie man Zeit verschwendet und nicht alles unter Nutzengesichtspunkten zu sehen, sondern Dinge um ihrer selbst willen zu tun. Ein italienisches Sprichwort sagt: Die Liebe lässt die Zeit vergehen, die Zeit lässt die Liebe vergehen. Lieben Sie mal nach Zeitplan. Auch die Mahnung, Zeitüberhänge (wie Warten oder Leerzeiten) durch zusätzliche Aktivitäten zu nutzen, kann guten Gewissens abgelehnt werden. Warten ist eine Kunst. Diese Kunst ist es wert, entwickelt zu werden, um sich zu entspannen, zu besinnen und durchzuatmen.

Rationalität der Disziplinlosigkeit

Die Forderung nach Konsequenz und Selbstdisziplin führt nicht nur dazu, dass Zeitgestresste die Schuld bei sich selbst suchen und ihre Zeit-Probleme als Versagen interpretieren. Sie ignoriert auch, dass Veränderungen Zeit brauchen. Verhaltensänderungen beim Umgang mit Zeit sind ein Prozess. Je stärker man sich selbst diszipliniert, desto größer ist das schlechte Gewissen, wenn man seine Zeitplan-Vorgaben nicht einhält. Das Zeitmanagement empfiehlt unbedingt einen positiven Tagesanfang und einen positiven Tagesabschluss. Nichts gegen einen guten Anfang und ein gutes Ende – was aber ist, wenn man sich schlecht fühlt, Ärger hat oder Ähnliches? Negative Gefühle muss man zulassen (dürfen). Man sollte sie nicht verdrängen, wenn man sie verarbeiten will.

Auch die Mahnung, auf bestimmte Rituale am Morgen (die ausführliche Begrüßung, ein kurzes Schwätzchen) zu verzichten, ist nicht einmal unter rationalen Gesichtspunkten sinnvoll. Soziale Kontakte sind wichtig und gut für die Arbeitsatmosphäre. Sie können durchaus notwendig sein, um wirklich mit der Arbeit beginnen zu können und nicht mit Dingen im Kopf beladen zu sein, über die man gerne reden möchte, die man loswerden möchte. Außerdem: Was ist, wenn einem diese Rituale Spaß machen? Warum sollte man dann gerade darauf verzichten? Schließlich fördern sie das Wohlbefinden (und steigern damit wiederum die Arbeitsfähigkeit).

Ähnliches gilt für die Aufforderung, die Zeitung und Post morgens liegen zu lassen und, entsprechend der Tagesstörkurve, später zu lesen, damit man morgens in den störarmen Zeiten ausschließlich wichtigen Aufgaben nachgehen kann. Wem das problemlos gelingt, der möge das so machen – aber einen schönen Gruß von der Neugierde (an alle Neugierigen, zu denen ich mich zähle und mich hiermit nicht alleine weiß). Mit anderen Worten: Vielleicht geht es einem besser, wenn man erst seine Neugier befriedigt hat, anstatt mit den Gedanken an das, was in der Zeitung oder der Post steht, seine erste Arbeit zu beginnen und unkonzentriert zu sein. Wie man es handhabt, muss jeder selbst für sich entscheiden. Nur sollte man es in jedem Fall ohne schlechtes Gewissen tun.

»Manchmal ist weniger Planung sinnvoll.«

Ziele im Leben sind wichtig (Erinnerungen übrigens auch). Eine zu starke Fixierung auf Ziele, also eine reine Zukunftsorientierung, verhindert jedoch, dass wir heute leben, im Hier und Jetzt. Man kommt nie an. Auch eine übertrieben kurzfristige Zeitplanung kostet Zeit – Zeit, die eigentlich für sinnvolleres ver-(sch)wendet werden könnte, zum Beispiel für das, was einem persönlich wichtig ist oder Spaß macht. Manchmal ist weniger statt mehr Planung sinnvoll. Je weniger wir nachdenken über Zeit, desto mehr Zeit haben wir.

Platz für die Persönlichkeit

Zeit-Probleme sind häufig nicht bloß eine Frage der richtigen Zeitplanungs-Methoden, sondern eine Frage der gesamten Persönlichkeit. So ist die Fähigkeit zum Delegieren sehr stark von der Persönlichkeit abhängig – ganz abgesehen davon, dass wir kein Volk von Führungskräften sind: Irgendeiner muss die Arbeit letztlich doch tun. Die Persönlichkeit schließt die Biografie und Erfahrungen ebenso ein wie die aktuelle Lebenssituation mit ihren Belastungen und Beziehungen. Zeit ist auch mehr als nur die mess-, plan- und teilbare Uhrzeit.

Wenn die 80:20-Regel richtig wäre, dann muss man fragen: Wieso arbeiten wir alle eigentlich nicht nur noch 20 Prozent der Zeit? Die Empfehlung, Prioritäten zu setzen, ist durchaus richtig. Aber wer bestimmt, nach welchen Kriterien Aufgaben als wichtig angesehen werden? Dabei sollte nicht nur Erfolg ein Kriterium sein, sondern auch Zufriedenheit und Gelassenheit. Zur Arbeit gehören offenbar auch Dinge, die nicht rationalisierbar sind. Wir sollten unsere Energie mehr dafür verwenden, sie zu akzeptieren anstatt sie unbedingt wegzurationalisieren. Ärger, Müdigkeit, Interesselosigkeit und Enttäuschungen gehören ebenso zum Leben wie Ehrgeiz, Engagement und Erfolg. Ohne zeitliche Freiräume für diese Unvorhersehbarkeiten wird das Leben ärmer. Spontaneität bleibt auf der Strecke.

Oft ist es auch nicht eine minimalistische Zeiteinteilung, sondern ein Umweg, der kreative Ergebnisse erst ermöglicht. Natürlich ist es sinnvoll, Leistungskurven zu beachten, wie das Zeitmanagement fordert. Aber warum sollten leistungsstarke Phasen nur für erfolgsorientierte Tätigkeiten genutzt werden, dagegen soziale Kontakte im Leistungstief? Ebenso leuchtet es nicht ein, ungeplante, impulsive Tätigkeiten um jeden Preis zu vermeiden. Spontaneität ist wichtig, um das Aufstauen von Gefühlen zu vermeiden.

Das »neue« Zeitmanagement

Das Unbehagen am traditionellen Zeitmanagment hat inzwischen auch die Väter des Gedankens erreicht. Zeitmanagement-Papst Lothar Seiwert bekennt aufgrund eigener Seminarerfahrungen: »*Heute sind sich die Teilnehmerinnen und Teilnehmer immer mehr bewusst, dass sie ihr Leben mit rein operativem Zeitmanagement nicht mehr in den Griff bekommen. Seit einigen Jahren wird immer mehr die Frage nach dem Sinn des Lebens oder nach dem Lebensziel gestellt.*« (Seiwert 1999, S. 10) Kurzerhand wird Langsamkeit als ein positives Element der Zeitkultur deklariert. Der Titel des neuen Zeitmanagement-Buchs von Seiwert, erstmals 1998 erschienen, empfiehlt dann auch ganz im Trend: »Wenn Du es eilig hast, gehe langsam.« Zeit wird dann auch nicht mehr nur als eine wirtschaftliche Ressource angesehen, sondern ist wervoller als Geld.

Die Kritik ist für Seiwert allerdings keine Absage an Zeitmanagement, im Gegenteil. »*Zeitmanagement an sich, ob als Arbeitstechnik, Erfolgsmethode oder Lebenskonzept verstanden, ist auf gar keinen Fall out, sondern aktueller denn je: Das ›neue‹ Zeitmanagement muss nur um andere Denkansätze und Inhalte bzw. Paradigmen erweitert und fortgeschrieben werden!*« (Seiwert 1999, S. 16)

Aus Zeitmanagement wird »*ganzheitliches Zeit- und Lebensmanagement*« (Seitwert 1999, S. 76). In der Tat wird unter diesem Begriff die Balance von Beruf, sozialen Kontakten, körperlicher Gesundheit und Sinn als neues Ziel des Zeitmanagements eingeführt. Fragwürdig bleiben allerdings das Motiv und die Schlüssigkeit, wenn zum Teil alte Methoden unter neuen Titeln und (eine besondere Variante der Gleichzeitigkeit des Ungleichzeitigen) parallel in Veröffentlichungen das »traditionelle« und das »neue« Zeitmanagement angeboten werden. Das ähnelt eher dem Zynismus einer Produktdiversifikation, wenn der Hersteller von Pralinen neuerdings auch Schlankheitspillen auf den Markt bringt.

Der Widerspruch der Zeitökonomie

Die Logik der Zeitökonomie macht Zeitmanagement weiterhin zum Kampf gegen Windmühlenflügel. Denn das wichtigste Ziel beim Zeitmanagement ist und bleibt, Zeit zu sparen. Nehmen wir an, an einem zehnstündigen Arbeitstag wird ein Wert von 1000 geschaffen. Dann hat jede Stunde im Durchschnitt einen Wert von 100. Nehmen wir an, durch Zeitmanagement würden wir den gleichen Wert in acht statt zehn Stunden erreichen. Dann hat jede Stunde (1000 geteilt durch 8) einen Wert von 125. Die Zeit ist also wertvoller geworden (s. folgende Abbildung).

Was machen wir aber mit den zwei freien Stunden? Es wäre ein Bruch der Logik, die eingesparte Zeit zu verschwenden, denn auch die beiden freien Stunden haben ja jetzt einen potenziellen Wert von 125. Zeitmanagement setzt eine Spirale der Zeitökonomie in Gang. Der Zwang, Zeit intensiv zu nutzen, nimmt auf einem höheren Niveau zu und ebenso der Zwang, Zeit weiter zu sparen. Damit steigt gleichzeitig die Zeitnot auf eine höhere Stufe. Nichts spricht dagegen, bei lästigen Routinearbeiten Zeit zu sparen. Aber es stellt sich immer, in einem ganz existenziellen Sinn, die Frage: Wofür?

Die technische Optimierung der rationalisierten Zeitplanung sind elektronische Organizer:

»Erfindungen wie der Rasierpinsel machen das Leben einfacher. Elektronische Terminkalender für den PC liefern hingegen die technische Antwort auf eine Frage, die niemand gestellt hat. Entsprechend widerwillig werden sie genutzt.

Die Sekretärin meines Chefs kann davon ein Lied singen. Seit Monaten führt sie einen wackeren Kampf gegen eine Meute hartnäckiger MS-Schedule-Muffel in unserer Abteilung. Zu Besprechungen trommelt sie alle per Computer zusammen und schafft es dank des neuen Programms recht schnell, zwei Stündchen zu finden, die anscheinend noch niemand mit anderen Verpflichtungen zugepflastert hat.

Dumm ist nur, dass man mit dem elektronischen Zeitplaner im Termindschungel der Belegschaft ähnlich gut durchblickt wie mit einem Fernglas in einer dunstigen Waschküche. Die meisten Mitarbeiter aktualisieren ihren Zeitplan im Rechner – gelinde gesagt – sehr verhalten. Am Ende muss die Sekretärin die Termine dann doch so hausbacken makeln wie anno dunnemals – per Telefon.

Regelmäßig drohende Sitzungen kündigt sie ein Jahr im Voraus elektronisch an. Und man ist, auch ohne Druck von ihr, gehalten, sämtliche Termine zu bestätigen. ›Ja, ich nehme teil!‹ heißt die vom Programm vorgesehene Standardantwort dafür. Nicht nur mir geht die Entschiedenheit dieser Aussage immerhin Monate vor dem betreffenden Termin entschieden zu weit.

Doch um das System nicht zu sabotieren und aus Nettigkeit gegenüber der Dame im Sekretariat sagen alle ihre Teilnahme an Treffen zu, für die schon vorab einiges als sicher gilt: Ein gutes Fünftel der Sitzungen wird ohnehin verschoben, weil entweder der Chef oder zu viele Mitarbeiter Wichtigeres zu tun haben. Ein weiteres Fünftel wird mangels Ersatzterminen gleich ganz gestrichen. Und vom Rest fallen einige Termine Krankheiten zum Opfer.

Aber hübsch sind PC-Zeitplaner schon. Darüber hinaus bieten sie allerlei Zierrat, den kaum ein Mensch außer dem Erfinder des Programms überblickt. Zum Beispiel kann man sich fünf oder zehn Minuten vor jedem Termin von einem «Mahner», nun ja, ermahnen lassen, die Sache nicht zu verschwitzen – vorausgesetzt freilich, man hockt artig vor dem Bildschirm und macht nicht gerade Mittagspause oder lümmelt in einer von jährlich 127 Besprechungen herum, die gänzlich ungeplant einberufen wurden. (…)

Für deren (elektronische Zeitplaner) Anwendbarkeit wäre schon viel gewonnen, wenn ein Büro-PC in die Innentasche einer Jacke passte. Bestellt mich mein Zahnarzt zur Nachkontrolle für nächsten Dienstag um 17 Uhr erneut, schreibe ich mir das auf einen kleinen Zettel und stecke ihn in die Brusttasche meines Hemdes. Manchmal finde ich die Notiz vor dem nächsten Waschtag auch wieder. Doch ganz gleich, wie und wo man eine Verabredung memoriert – wenn ein PC-Terminkalender funktionieren soll, muss jeder Termin dort eingetragen werden. Sonst stürzt sich die nächste Besprechungsanfrage der Chefsekretärin gierig auf eine Terminlücke, die gar nicht vorhanden ist. Und die Ärmste muss schon wieder telefonieren. (…)

Manche mögen Schedule und Konsorten trotz alledem lieben, weil sie strenge Ordnung partout über kreatives Chaos stellen. Die Bildschirmseiten eines PC-Zeitplans sehen aus wie ein blitzblanker OP vor der Operation; wie eine Sinfonie, die bereits im ersten Anlauf vollendet gelang.

Hier zeugt kein farbiges Hervorheben eines Termins von der Fähigkeit des Menschen zur Hoffnung (›11 Uhr: Treff mit Chef wegen Gehaltserhöhung‹); kein trotziges Durchstreichen beweist Härte im Nehmen (›19.30 Uhr: Essen mit Monika!!!‹).

Chaotische Wochen hinterlassen im PC-Plan auch kein Abbild von wildverwegenem Termingeschiebe, das uns erinnert an jene erste Bleistiftzeichnung im Kindergarten mit dem Titel ›Ausmalen einer Birne‹.

Papierkalender hingegen sprechen Bände; hier wird der Mensch sichtbar. Und – jetzt endlich muss es heraus – sie sind irre einfach zu bedienen!«

(Auszug aus Schmidt 1999, S. 22)

Alternative Zeit-Konzepte: Abwege, Umwege, Auswege

»Nicht alle wollen Zeitmanager sein.«

Nicht alle wollen Zeitmanager sein. Es gibt Menschen und Gruppen, die Zeit nicht nur als eine wirtschaftliche Ressource betrachten, die es rational, effizient oder effektiv zu nutzen gilt. Für viele ticken diese Menschen nicht richtig (wie eine kaputte Uhr). Denn sie entziehen sich Zwängen, suchen nach Alternativen und versuchen sie zu leben: Auswege aus der Spirale der Zeitökonomie und Gegenbilder zu unserer herrschenden Zeitkultur. »Die Entdeckung der Langsamkeit«, wie Sten Nadoly seinen Roman nannte, diese Entdeckung der Langsamkeit hat in Österreich vor einigen Jahren zur Gründung von »Tempus« geführt: ein Verein zur Verzögerung der Zeit. Seine Mitglieder verpflichten sich zum Innehalten, zur Kultivierung der Langsamkeit in ihren Arbeits- und Lebensfeldern. Was würden Sie tun, um die satzungsgemäße Pflicht zu erfüllen, die Zeit in Beruf, Freizeit und Familie zu verzögern? Und wie würden wohl Ihr Umfeld, Ihre Familie, Freunde, Kollegen reagieren?

Eine spezifische Form der Zeitverzögerung betreibt Slow food: ein Verein für Langsam-Esser. Dessen Mitglieder sind davon überzeugt, dass man nur langsam, mit Ruhe und Muße, genießen kann. Ein anderes Verhältnis zur Zeit haben auch die so genannten Tauschringe: Vereine für organisierte »Nachbarschaftshilfe«. Im Angebot ist vom Rasenmähen über Einkaufen bis zur Hausarbeit fast jede denkbare Tätigkeit vertreten. Jeder kann seine Talente einbringen. Hier wird nicht Zeit gegen Geld getauscht, Arbeitskraft nicht gegen Lohn verausgabt. Hier wird vielmehr Zeit gegen Zeit getauscht. Denn jede Tätigkeit ist gleichviel wert. Ihr Wert lässt sich nicht durch Beschleunigung steigern. Und die Tätigkeiten dienen in erster Linie der Befriedigung von Bedürfnissen, nicht der Luxusproduktion.

Wenn man sich umschaut, kann man immer wieder unorganisierte Versuche beobachten, Zeit-Zwängen zu entfliehen: Der Kollege, der keine Armbanduhr mehr trägt; die Bekannte, die täglich auf dem Weg von der Arbeit nach Hause Rast in einem Café macht, um die Arbeit auch innerlich zu beenden und sich auf ihre freie Zeit umzustellen; der 80-Prozent-Teilzeit-Kollege, für den Arbeit tatsächlich nur das halbe Leben ist; der Unternehmensberater, der sich fest vorgenommen hat, nur noch 50 Stunden pro Woche zu arbeiten, um überhaupt mal Zeit für seine Kinder zu haben, oder der Nachbar, der einmal pro Jahr für drei Tage ins Kloster geht, um in der zeitlosen Stille zur Besinnung zu kommen. Vielleicht fallen uns noch mehr auf, wenn wir genau hinschauen – und vielleicht sind wir an der einen oder anderen Stelle hin und wieder auch schon selbst ein Zeitpionier: Jeder auf seine eigene Art und ohne festen Vorsatz, nur einem Bedürfnis folgend. Die beiden nächsten Beispiele suchen vorsätzlich nach Wegen aus den Zwängen der Zeitökonomie.

Tutzinger Projekt »Ökologie der Zeit «

In der Evangelischen Akademie in Tutzing am Starnberger See hat sich ein Projekt etabliert, dessen Titel bereits Programm ist: »Ökologie der Zeit«, ein bewusster Gegenbegriff zur Ökonomie der Zeit. Dieser zeitökologische Ansatz will den Umgang mit Zeit in Einklang bringen mit den Anforderungen der äußeren Natur und der inneren menschlichen Natur. Zeitökologie ist die Lehre vom maßvollen Haushalten mit der Zeit, die Frage nach den rechten Zeitmaßen, die das Lebendige bestimmen.

Der Anspruch der Ökologie der Zeit ist, »*die vielfältigen Zeitformen – Rhythmen, Systemzeiten, Eigenzeiten, den rechten Zeitpunkt (kairos), angemessene Geschwindigkeiten (Tempo), Evolution und Wandel etc. – in der individuellen Lebensgestaltung ebenso wie bei der Ausgestaltung der kulturellen Zeitordnungen (einschließlich der Wirtschaftsordnung) zu erkennen und zu berücksichtigen.*« (vgl. Geißler/Held 1995, S. 2) Für die Ökologie der Zeit ist der Mensch Teil der Natur und als biologisches Wesen in natürliche Prozesse fest eingebunden. Deshalb müssen Menschen auf die Rhythmen ihrer inneren und der äußeren Natur achten.

Natürliche und soziale Rhythmen

Der Rhythmus ist ein Gegenbegriff zum Takt, also der abstrakten Uhrzeit. Rhythmen sind prägend für die innere und äußere Natur, aber auch für das soziale Leben. In Bezug auf Zeit ökologisch sinnvoll handeln bedeutet, die natürlichen Rhythmen zu erkennen, zu akzeptieren und zu schonen. Das gilt ebenso für soziale Rhythmen: Soziales Geschehen ist auf Regelmäßigkeiten angewiesen. Ohne sie wären wir isoliert und einsam. Rhythmen sind ein Mittel der sozialen Bindung.

Der Rhythmus ist ein zentraler Begriff der Ökologie der Zeit, weil er eines der zentralen Entwicklungsprinzipien des Lebendigen ist, eine Grundeigenschaft aller Organismen und aller sozialen Einheiten. Dazu gehören die zahlreichen biologischen Rhythmen des Menschen (zum Beispiel die Menstruationsperiode der Frau, Körpertemperatur, Blutdruck, Harnausscheidung, Atmung, Pulsschlag etc.). Der Rhythmus ist die Wiederholung des Ähnlichen und nicht des Gleichen, eine Wiederholung mit Variationen. Dieses Prinzip der Wiederkehr des Ähnlichen ist elastisch. Es erlaubt durchaus Veränderungen, die Anpassung an sich wandelnde Umweltbedingungen, jedoch in bestimmten Grenzen. Diese in den Rhythmen der Natur enthaltenen Freiheitsgrade sind für die Ökologie der Zeit ein grundlegendes Orientierungsmaß. Das Kennzeichen der Industriegesellschaft (und ihrer Nachfolger) ist dagegen Entrhythmisierung, das Ersetzen von Rhythmen durch den Takt.

Eigenzeiten und zeitliche Freiheitsgrade

Weitere zentrale Begriffe sind Eigenzeiten und Systemzeiten. Systemzeiten sind die allgemeinen Zeitgestalten von Systemen. Eigenzeiten sind der individuelle Ausdruck von Systemzeiten innerhalb der vorgegebenen Rahmenbedingungen, Abwandlungen der Systemzeiten in diesen Grenzen. Beispielsweise sind nicht alle Menschen zur gleichen Zeit gleich reaktions- und leistungsfähig. Innerhalb einer bestimmten Bandbreite sind individuelle Abweichungen – *»temporale Freiheitsgrade«* (Geißler/Held 1995, S. 6) – möglich.

Die für eine Ökologie der Zeit relevanten Zeitmaße sind zum einen in der Natur vorzufinden: Sonnenjahr, Mondmonat, Tag, Gezeiten, innere Rhythmen des Menschen und anderer Arten sowie jeweils typische Geschwindigkeiten. Zum anderen sollen die rechten Zeitmaße normativ festgelegt werden, um angemessene Geschwindigkeiten zu bestimmen, einen adäquaten Wechsel von Aktivität und Ruhe oder den rechten Zeitpunkt zu finden.

Öko-soziale Zeitpolitik: Alles zu seiner Zeit an seinem Ort

»Rhythmen, Eigenzeiten, Aus-Zeiten, Entschleunigung sind Elemente einer neuen Zeitkultur.«

Gegen das Prinzip der Nonstop-Gesellschaft – »Alles zu jeder Zeit und überall« – stellt die »Ökologie der Zeit« ein Gegenprogramm: *»Alles zu seiner Zeit und an seinem Ort«* (Held/Kümmerer 1998, S. 240ff.). Ein Aspekt ist dabei ein maßvoller Umgang mit Zeit, im Gegensatz zum maßlosen immer mehr, schneller, jederzeit und sofort.

Zeitpolitik wird als eine Querschnittsaufgabe betrachtet, in allen Politikfeldern Zeiten und Zeitmaße zu beachten. »Öko-soziale Zeitpolitik« setzt sich ein für eine *»veränderte Zeitkultur, bei der die Rhythmen und Eigenzeiten beachtet werden«* (Held/Kümmerer 1998, S. 249). Das schließt die kluge, maßvolle Nutzung der zeitlichen Freiheitsgrade ein, die durch Rhythmen und Eigenzeiten vorgegeben sind. Dabei müssen aber die Grenzen respektiert werden, zum Beispiel dass natürliche und soziale Systeme Aus-Zeiten brauchen (wie der Wechsel von Tag und Nacht oder die Regeneration des Bodens). Das ist nicht das Ende durchzechter Nächte und schöner Feste. Aber nicht jede Nacht soll zum Tag gemacht werden.

Es geht darum, der zunehmenden Pausenlosigkeit und Beschleunigung ein Programm entgegenzusetzen, das Entschleunigung, Respekt vor den individuellen Geschwindigkeiten und notwendige Aus-Zeiten ermöglicht. Eine andere Zeitkultur soll die Vielfältigkeit unterschiedlicher Zeitformen akzeptieren und zulassen. »*Pausen, Anfänge, Abschlüsse, Zeiten zum Feiern, Zeiten langsamer Tempi und Zeiten schnelleren Zuschnitts, die Aufmerksamkeit für den rechten Augenblick (kairos), erfüllte Augenblicke etc. haben ihre eigene Berechtigung wie Phasen der Beschleunigung und hoher Aktivität.*« (Held/Kümmerer 1998, S. 251) Geschwindigkeit und Aktivität werden in diesem Konzept nicht verteufelt. Das Problem ist die ununterbrochene Pausenlosigkeit. Natürlich kann es gut und manchmal sogar überlebenswichtig sein, in bestimmten Momenten schnell zu sein. Das geht aber nicht ohne Pausen und ohne eine kluge Einteilung der Kräfte. Und gelegentlich muss man auch in aller Ruhe wieder zu Kräften kommen.

Zeitpioniere

Das häufigste Motiv für Teilzeitarbeit sind familiäre Anforderungen. Die meisten Teilzeitbeschäftigten sind nicht von ungefähr Frauen. Durch Teilzeitarbeit haben die Beschäftigten zumeist nicht mehr freie Zeit für sich selbst. Die zusätzliche freie Zeit (im Vergleich zur Vollzeitarbeit) wird überwiegend für Kindererziehung und Hausarbeit genutzt.

Zeitpioniere dagegen sind Teilzeitbeschäftigte, die im Gegensatz zu den meisten anderen ihre Arbeitszeit mit dem Motiv reduzieren, mehr Zeit für sich zu haben (und nicht nur für ihre Partner, die Kinder, die Hausarbeit). »Zeitpioniere verkürzen und flexibilisieren ihre Arbeitszeit, um der einseitigen zeitlichen Besetzung und Überformung durch die Erwerbsarbeit zu entgehen.« (Hörning/Gerhard/Michailow 1991, S. 64) Für sie wird Zeit zu einem zentralen Thema bewusster Lebensgestaltung. Sie erproben einen neuen Umgang mit Zeit, der sich gesellschaftlichen Zeitzwängen zu entziehen versucht.

Der Schritt in die freiwillige Teilzeitarbeit verläuft selten problemlos. Ihr Arbeitsumfang wird selten entsprechend der Arbeitszeit reduziert. Dadurch wird die Arbeit intensiviert. Fast gleich viele Aufgaben wie vorher müssen in der kürzeren Arbeitszeit erledigt werden. Trotzdem geraten Zeitpioniere bei Kollegen und Vorgesetzten schnell unter Verdacht: Faulheit heißt der Vorwurf. Sie brechen ein Tabu und verletzen die Normen der Arbeitsgesellschaft. Die eigene Leistungsbereitschaft kann kaum glaubhaft vermittelt werden, da die Anerkennung von Leistung an zeitökonomischen Prinzipien wie Anwesenheit, Pünktlichkeit und Kontinuierlichkeit orientiert ist. Die Reaktion der Kollegen reicht daher von Neid über Missgunst bis zur offenen Aggressivität.

Neues Verhältnis von Zeit und Geld

Auch wenn Zeitpioniere während der Arbeitszeit überdurchschnittlich engagiert sind, so lehnen sie es doch ab, dass die Erwerbsarbeit ihr gesamtes Leben prägt. Sie entwickeln für sich eine neue Logik im Verhältnis von Zeit und Geld. Aufgrund der Teilzeittätigkeit müssen sie dauerhaft mit weniger Geld auskommen. Sparsamkeit wird zum Prinzip ihrer Lebensführung. Sie greifen verstärkt auf soziale Netzwerke von Verwandten und Nachbarn zurück, um bei Reparaturen oder Ähnlichem Geld zu sparen.

Allerdings wird die zusätzliche freie Zeit nicht dazu genutzt, um die Standards der Hausarbeit hochzusetzen oder materiellen Wohlstand durch verstärkte Eigenarbeit zu schaffen. Im Gegenteil: Zeitpioniere versuchen, den Umfang der Hausarbeit weiter zu reduzieren und nur das Notwendigste je nach Laune und Anfall zu erledigen. Geld oder materieller Wohlstand ist für sie nicht mehr Selbstzweck oder Maßstab ihres Handelns. »Der Bewertungsmaßstab des wirtschaftlichen Handelns ist der erreichbare subjektive Zeitwohlstand.« (Hörning/Gerhard/Michailow 1991, S. 124)

Aktive und bewusste Zeiteinteilung

Die frei verfügbare Zeit wird in erster Linie für eigene Interessen genutzt, die dadurch auch den Charakter reiner Hobbys als Ausgleich zur Arbeit verlieren. Diese Interessen erhalten einen Eigenwert. Die selbstbestimmte Einteilung der freien Zeit ist den Zeitpionieren sehr wichtig. Dabei streben sie meistens zusammenhängende Blöcke freier Zeit an, da erst ein bestimmter Umfang freier Zeit für sie einen persönlichen Nutzen hat. Zeitpioniere teilen ihre freie Zeit aktiv ein und umgehen Zeitspitzen in stark frequentierten Einrichtungen (zum Beispiel beim Einkauf), um weitere freie Zeit zu gewinnen.

»Zeitwohlstand ist ein neuer Maßstab für Lebensqualität.«

Allerdings vermeiden sie Stress, Eile und Hektik. Die freie Zeit wird nicht mit neuen Terminen wieder überfrachtet. Zeitpioniere verplanen so wenig Zeit wie möglich und lassen sich viele Freiräume für Unvorhergesehenes. Das bewusste Strukturieren der eigenen Zeit bezieht Nicht-Planbares mit ein. Die Zeitorganisation ist also nicht starr. Das schließt auch ein, dass sich Zeitpioniere bewusst in der Zeit verlieren, sich dem Strom der Zeit hingeben, die Zeit einfach nach Lust und Laune verstreichen lassen. Sie genießen es, sich gelegentlich in der Zeit treiben zu lassen. Das Entscheidende dabei ist, dass sie dies nicht als Zeitverschwendung, als ein verwerfliches Verplempern von Zeit empfinden.

Durch den großen Umfang freier Zeit können sie sich Zeit nehmen, um über ihre Zeit nachzudenken. Zeit wird für sie zum Gegenstand bewusster Lebensgestaltung. »Zeit wird den Zeitpionieren reflexiv (…). Indem Zeitkategorien und Zeitumgangsstile zum Problem und zum Thema werden, setzt ein Prozess der Reflexion über zeitliche Bezüge ein und allmählich bildet sich ein reflexives Zeitbewusstsein aus.« (Hörning/Gerhard/Michailow 1991, S. 161) Zeitpioniere, so könnte man es sagen, haben ein bewusstes Zeitbewusstsein.

Natürlich darf man die Bedeutung der Zeitpioniere nicht überschätzen. Sie sind nicht das Ende der Zeitökonomie. Dafür sind sie viel zu selten. Und der Widerstand, auf den sie in der Praxis treffen, die Reaktionen von Vorgesetzten und Kollegen zeigen, dass die Prinzipien der Zeitökonomie weiterhin das Bewusstsein der meisten Menschen dominieren. Zeitpioniere stürzen die Zeitökonomie nicht vom Sockel, sondern richten sich in Nischen ein, die sie sich mühsam erarbeiten und erkämpfen. Weil sie so selten sind, wäre der Begriff Zeit-Exoten vielleicht treffender als »Zeitpioniere«. Interessant ist die Frage: Warum sind Zeitpioniere heutzutage (noch) die Ausnahme?

Dennoch können wir von ihnen lernen und einige Wegweiser zum Zeitwohlstand erhalten. Ihr Umgang mit Zeit gibt uns Hinweise auf Bedingungen für einen entspanntes, bewusstes und bedürfnisgerechtes Verhältnis zur Zeit. Ein entscheidender Hinweis ist, dass erst ein bestimmter Umfang freier Zeit eine neue Qualität des Zeiterlebens ermöglicht. Mehr freie Zeit bedeutet nicht nur, in dieser freien Zeit selbst bestimmter zu leben, sondern auch, neue Erfahrungen mit der Zeit zu machen. Das Verhältnis von Zeit und Geld wird neu geordnet. Geld und Konsum sind dann nur noch Mittel zum Zweck, zur Befriedigung von Bedürfnissen. Der Maßstab für Lebensqualität ist ein anderer, nämlich der persönliche Zeitwohlstand. Schließlich ist die zusätzliche freie Zeit auch die Voraussetzung für einen anderen Umgang mit Zeit. Ein bewusstes Zeitbewusstsein braucht – Zeit: zum Nachdenken, infragestellen und Entscheiden.

Ein neuer Umgang mit Zeit

Rechtzeitig umkehren

*»Bevor wir ausge-
brannt sind, sollten wir
unseren Umgang mit
Zeit verändern: durch
Sensibilisierung statt
Rationalisierung.«*

Die Durchsetzung der Zeitökonomie kann zu psychischen und physiologischen Beeinträchtigungen des individuellen Wohlbefindens führen. Immer
mehr Menschen leiden unter Zeitnot, Überforderung, Hektik, Unruhe, Stress.
Burn-out ist das Damoklesschwert der Zeitnot. Bevor wir ausgebrannt sind,
sollten wir unseren Umgang mit Zeit verändern.

Aus der Analyse der Zeitökonomie, der Kritik am Zeitmanagement und
den alternativen Zeit-Konzepten lassen sich Grundsätze ableiten für einen
neuen Umgang mit Zeit: bewusst, bedürfnisgerecht und belastungsreduzierend: Sensibilisierung statt Rationalisierung. Dieser Ansatz stellt Gesundheit,
Kreativität, Produktivität und Leistungsfähigkeit als nachhaltige Ziele in den
Mittelpunkt, um mittel- und langfristig Fehlzeiten zu reduzieren und zu
mehr Ausgeglichenheit, Gelassenheit und Zufriedenheit zu gelangen.

Die folgenden Grundsätze sind aus meiner Sicht wichtige Säulen für diesen neuen Umgang mit Zeit:

- ❖ Die eigene Zeit-Persönlichkeit erkennen und mit dem Lebensumfeld ver-
  einbaren.
- ❖ In der Gegenwart können wir Zeit unmittelbar und bewusst erleben.
- ❖ Unsere Handlungen brauchen einen Anfang und ein Ende.
- ❖ Arbeit und Leben benötigen einen angemessenen Rhythmus.
- ❖ Das Lebendige hat Eigenzeiten und braucht sie.
- ❖ Gegenzeiten ermöglichen neue Zeiterfahrungen.
- ❖ Eigen- und Gegenzeiten erfordern Zeit.
- ❖ Wir können von Kindern lernen.
- ❖ Eine Reduzierung der Handlungsvielfalt ermöglicht bewusstes Erleben.
- ❖ Eine neue Zeit-Geld-Logik ändert unsere Einstellung zur Zeit.
- ❖ Ein Sinnbezug unserer Handlungen verhindert Aktivismus und Lange-
  weile.
- ❖ Mit einem bewussten Zeitbewusstsein können wir unseren Umgang mit
  Zeit verändern.

Die eigene Zeit-Persönlichkeit erkennen und mit dem Lebensumfeld vereinbaren

Jeder Mensch hat seinen Rhythmus und sein Zeit-Erleben. Wenn man den eigenen Zeit-Typ kennt, kann man sich den Umgang mit Zeit bewusst machen. Jeder Mensch hat das Recht auf seinen eigenen Rhythmus. Ziel sollte eine Balance zwischen der eigenen Zeit und dem Tempo der Umwelt sein. Die Typologie von Zeit-Persönlichkeiten hat verschiedene Aspekte. Allerdings lassen sich diese Typen keinen festen Schubladen zuordnen.

Menschen haben unterschiedliche Einstellungen zur Zeit und ihrer Gestaltbarkeit. Einige sehen sich als autonom und das Leben als eine Aneinanderreihung bewusster Entscheidungen; äußere Umstände sind nur eingrenzende Bedingungen. Andere sehen sich als abhängig. Sie passen sich an. Ihr Leben läuft in »normalen Bahnen«. Manche haben viele Ziele, aber kein Endziel. Für sie ist die Gegenwart nicht auf die Zukunft ausgerichtet, und sie wollen keine unwiderruflichen Entscheidungen treffen. Sie haben nie Zeit für Dinge, zu denen sie keine Lust haben, aber stets Zeit für Dinge, Menschen und Situationen, die ihnen gefallen. Schließlich gibt es Menschen, die keine Pläne haben und die Kontrolle über ihre Zeit der Macht der Institutionen überlassen.

Menschen haben unterschiedliche Leistungsphasen. Es wird insbesondere zwischen Abendtypen und Morgentypen unterschieden (die sich als Morgenmuffel und Frühaufsteher darstellen können). Die Typen sind nur begrenzt anpassungsfähig an äußere Zeitstrukturen, die den Körperrhythmen widersprechen.

Menschen gehen unterschiedlich mit Belastungen um. Sie haben unterschiedliche Bewältigungsstrategien. Einige weigern sich, möglichst reibungslos alle Erwartungen zu erfüllen und reagieren sensibel auf berufliche und private Belastungen. Andere fühlen sich durch Beruf und Familie häufig überfordert, unterdrücken aber körperliche und psychische Warnsignale. Bei manchen, meist Älteren, stellen sich Gefühle von Erschöpfung, Niedergeschlagenheit, Verschleißerscheinungen und Schmerzen ein, die sie mit Durchhalteparolen überdecken. Wieder andere nehmen Belastungssymptome ernst und versuchen, sich sofort zu regenerieren und ihre Belastungen durch Nachdenken oder Gespräche zu bewältigen.

In der Gegenwart können wir Zeit unmittelbar und bewusst erleben

Menschen brauchen Erinnerungen. Auch Ziele sind wichtig. Eine zu starke Vergangenheits- oder Zukunftsorientierung verhindern jedoch, dass wir im Hier und Jetzt leben. Die Vergangenheit können wir nicht ändern. Die Zukunft ist ein ungewisses Terrain. Die Gegenwart ist die einzige Zeit, die wir erleben. Um im Hier und Jetzt zu leben, müssen wir unsere Vergangenheit abschließen: einen Streit beenden, Verzeihen oder Entschuldigen, auf jeden Fall akzeptieren, was war. Das heißt: Nöte bejahen, Trauer und Kummer zulassen. Und wir müssen lernen, Dinge um ihrer selbst willen zu tun. Zelebrieren wir das, was wir tun, konzentrieren wir uns darauf – und nur darauf. Das gilt auch für die kleinen Dinge im Alltag: das Bügeln, der Abwasch, eine Zigarette anzünden und rauchen. Man kann sich laut vorsagen, was man gerade tut, um es sich bewusst zu machen. Achten Sie auf Ihren Gang oder achten Sie beim Essen auf den Geschmack. Lauschen Sie der Musik, anstatt sie nur zu hören. Betrachten Sie ein Kunstwerk und lassen Sie es auf sich wirken, schauen Sie es nicht nur an.

Ein weiterer Weg ist *Stopping*, das bewusste Innehalten im Alltag. Gelegenheiten gibt es viele: bei Rot an der Ampel, bei monotonen Arbeiten, im Bus, Flugzeug oder Zug. Nutzen wir diese Momente, um tief durchzuatmen, unsere Gedanken schweifen zu lassen, uns zu vergewissern, wer wir sind und was wir wollen. Nutzen wir Möglichkeiten, um zur Ruhe zu kommen, indem wir einige Momente länger im Auto bleiben, bevor wir aussteigen oder uns im Trubel einige Minuten auf eine Bank setzen. Nutzen wir auch lästige Möglichkeiten, um zur Ruhe zu kommen, indem wir beispielsweise die längste Schlange im Supermarkt an der Kasse nehmen. Dann ärgern wir uns nicht darüber, dass andere schneller drankommen – und wir gewinnen Zeit: zum Träumen, zum Nachdenken, zum Ausspannen.

Das Leben in der Gegenwart steht auch im Zentrum der asiatischen Lebensphilosophie des Taoismus: Wu Wei, das Handeln durch Geschehenlassen, geschieht durch den Verzicht auf sorgenvolle Gedanken an Vergangenheit und Zukunft.

»*Das ewige Jetzt, die Gegenwart ist sehr eng mit uns verbunden, ja, ich möchte behaupten, sie ist Teil von uns. Aber wir ignorieren sie. Aus dieser üblen Gewohnheit heraus sind wir mit unseren Gedanken pausenlos in der Vergangenheit beschäftigt und versäumen auf diese Art die Gegenwart, die Wirkungsebene des Tao, vollkommen. Wir leben am wirklichen aktuellen Geschehen total vorbei.*«

»Jeder kann in der Gegenwart, im Hier und jetzt, leben. Aber dazu gehört Aufmerksamkeit, Wahrnehmung. Immer, wenn Sie auf Ihr Leben schauen können, ohne in Gedanken das zu vollziehen, was Sie gerade erfahren, wenn Sie beobachten, dann sind Sie automatisch in der Gegenwart, leben den Augenblick, und keine Macht der Welt kann Sie da herausreißen – höchstens Sie selbst, wenn Sie wieder die Flucht in die Erinnerung und Illusion antreten.« (Fischer 1998, S. 40f.)

Unsere Handlungen brauchen einen Anfang und ein Ende

Unser Leben und unser Alltag werden immer komplexer. Wir tun mehrere Dinge gleichzeitig; Halbfertiges und Unerledigtes bestimmen unsere Gedanken. Wir verlieren den Überblick und tun nichts richtig. Deshalb brauchen wir erkennbare Anfänge und eindeutige Abschlüsse, Rituale, die unser komplexes Leben und Handeln strukturieren. Solche Rituale können sein: ein Gebet, ein Gedicht, vor dem Essen in der Gemeinschaft ein gemeinsamer Spruch. Nur wenn wir etwas richtig beginnen, können wir uns ganz darauf einlassen. Und nur wenn wir etwas abschließen, können wir etwas Neues beginnen.

Auch die Flexibilisierung unserer Zeit erfordert Rituale und Routinen, um eine Grundstruktur im Alltag und im Wochen- oder Jahresverlauf zu behalten, an der wir uns orientieren können. Das können der Stammtisch am Dienstag oder Sport am Mittwoch sein, im Alltag der tägliche Gang durch den Park zu einer festen Zeit etc. Je mehr feste Strukturen wegbrechen, desto wichtiger werden selbst gewählte Gewohnheiten – auch eine gute Gelegenheit, regelmäßig das zu tun, wozu man Lust hat.

Arbeit und Leben benötigen einen angemessenen Rhythmus

Wer die Arbeit kennt und sich nicht drückt – der ist verrückt, sagt ein Sprichwort. Doch weder permanente Aktivität noch pausenloses Nichtstun erfüllen unser Leben, machen es interessant, abwechslungsreich und entsprechen unseren Bedürfnissen. Wir brauchen einen Ausgleich zwischen Phasen der Aktivität und des Zusichkommens – eine ausgewogene Ordnung unserer Zeit, bei der sich die Verausgabung unserer Kräfte und Konzentration mit notwendigen Phasen der Erholung und der Besinnung beständig abwechseln und ergänzen.

Dieser Rhythmus gibt uns Orientierung im Alltag, ein rhythmischer Wechsel von

- ❖ Arbeit und Pause,
- ❖ Schnelligkeit und Langsamkeit,
- ❖ Anspannung und Entspannung,
- ❖ Tätigsein und Muße,
- ❖ Arbeitsintensität und Müßiggang.

Das Lebendige hat Eigenzeiten und braucht sie

Alles hat seine Zeit, seine Dauer und seinen Zeitpunkt. Wir können nicht alles auf einmal, immer und sofort. Jeder sollte lieber bei sich sein, als sich dauernd zu verpassen. Deshalb auch sollten wir die Redewendung »Alles zu seiner Zeit« ernst nehmen. Bestimmte Rituale (wie die Tea-time in England oder die Tagesschau in Deutschland) haben ebenso ihre Zeit, wie zum Beispiel Gefühle.

Gefühle brauchen Zeit, um angenommen, gelebt und verarbeitet zu werden, Zeiten, in denen Zeit nicht organisiert oder beschleunigt wird. Jedes System (wie zum Beispiel die Politik mit ihren Legislaturperioden) hat seine Eigenzeiten ebenso wie die Natur (Jahreszeiten, Wachstums- und Regenerationsperioden). Eigenzeiten sind immanente Rhythmen, Zeitstrukturen, Rituale, die notwendige Zeitdauer für bestimmte Entwicklungen, individuelle Geschwindigkeiten usw.

Mit Eigenzeiten sind aber auch jene eigenen Zeiten gemeint, die wir Menschen brauchen und die wir uns für uns selbst und das, was uns wichtig ist, nehmen sollten. Wir brauchen Zeit für Kinder, in denen wir uns der Erziehung unserer Kinder widmen, mit ihnen spielen, mit ihnen und von ihnen lernen. Wir brauchen Zeit für unsere Partner und Familie, denn diese Beziehungen in unserem Intimbereich geben uns Geborgenheit und emotionale Stabilität. Wir brauchen Zeit für Freunde, gerade auch außerhalb der Familie oder Partnerschaft, denn Freundschaften geben uns nicht nur Geborgenheit und Stabilität, sondern bereichern unser Leben und entlasten unsere intimen Beziehungen. Schließlich brauchen wir Zeit für uns selbst, zum Alleinsein. Diese Zeit brauchen wir zur Entspannung, zur Besinnung, zum Nachdenken und um Ruhe zu finden.

Gegenzeiten ermöglichen neue Zeiterfahrungen

Ebenso wie Eigenzeiten sind Gegenzeiten notwendig, um sich nicht grenzenlos dem Diktat der Zeitökonomie zu unterwerfen und die problematischen Folgen der Zeitökonomie zu korrigieren. Mit Gegenzeiten sind solche Zeiten und Handlungsmuster gemeint, die der zeitökonomischen Logik widersprechen, um Rücksicht auf individuelle Wünsche und Fähigkeiten zu nehmen und auf die Unvorhersehbarkeiten des Lebens reagieren zu können.

Dazu gehört die Erkenntnis, dass das Dringende selten wichtig ist, das Wichtige aber selten dringlich. »Besser, eine Minute im Leben verlieren, als das Leben in einer Minute«, mahnt ein südamerikanisches Sprichwort. Die Produktivkraft der Geschwindigkeit ist weitgehend ausgereizt. Eine noch unentdeckte Produktivkraft ist dagegen Langsamkeit, die Kreativität häufig erst ermöglicht. Schließlich heißt es auch: »Langsam, aber sicher« und nicht »Schnell, aber sicher«. Auch Umwege sind kreativ. Das Ziel ist wichtig, aber Umwege und Details auch. Häufig muss man Dinge auf sich zukommen und sich entwickeln lassen, um optimale, befriedigende Ergebnisse zu erzielen.

Außerdem ist Zeit nicht nur Geld. Auch Zeitverschwendung kann produktiv sein. Persönliche Gespräche brauchen Zeit. Pausen sind nicht nur physiologisch oder strategisch begründbare Notwendigkeiten (zum Beispiel Pausen nach dem Essen, um Energie für die Verdauung zu haben, oder Pausen zur Unterstützung von Lernprozessen). »Das Beste an der Arbeit sind die Pausen«, scherzt der Volksmund. Pausen und Muße sind auch Aus-Zeiten der Besinnung und Bedingung für Kreativität. Pausen dienen der Beurteilung des Getanen, sind der Übergang von einer Tätigkeit zur anderen und ermöglichen es, sich vom Alten zu verabschieden, damit das Neue richtig beginnt.

Warten ist ein häufiger Begleiter unseres Alltags. Wir warten auf den Bus, auf Kollegen, im Vorzimmer des Chefs, auf dem Bahnsteig, beim Arzt, auf den Partner oder auf Freunde in der Kneipe. Wir warten immer wieder, aber wir haben keine Kultur des Wartens. Denn niemand hat uns beigebracht, wie man wartet. Deshalb »müssen« wir warten, weil wir Warten als erzwungenes Nichtstun erfahren. Niemand sagt, er »darf« warten. Doch Warten ist nicht nur ein erzwungener Handlungsverzicht. Warten ist auch eine Notwendigkeit, um den richtigen Zeitpunkt für etwas abzuwarten. Warten ist die Zeit der Vorfreude. Und wenn wir *unerwartet* warten *dürfen*, können wir uns, vielleicht nur einen Moment lang, besinnen. Warten ist eine Insel in der Hektik des Alltags. Also sollten wir uns nicht darüber ärgern, wenn wir warten müssen, sondern die Augen schließen, tief durchatmen und die Ruhe des Moments genießen.

Eigen- und Gegenzeiten erfordern Zeit

Um uns Eigen- und Gegenzeiten nehmen zu können, müssen wir uns zeitliche Freiräume schaffen, die nicht verplant sind. In ihnen ist Spontaneität erst möglich. Das erfordert zunächst einmal, so wenig Zeit wie möglich zu verplanen. Wir brauchen soviel Frei-Zeit wie möglich, die tatsächlich frei von privaten oder beruflichen Beanspruchungen ist, die wir abzuhaken haben. Das können ganze freie Tage sein (zum Beispiel an Wochenenden); das können im Alltag einzelne freie Stunden sein, die wir uns frei halten, um sie ganz spontan nach unseren Bedürfnissen oder Wünschen zu gestalten.

Diese Zeiten frei zu halten ist in der Nonstop-Gesellschaft sicherlich eine der schwierigsten Ambitionen. Vielleicht kann uns im Zeitalter der Termine ein Trick dabei helfen: Dann machen wir eben in Gedanken einen Termin – mit uns selbst, mit den Freunden, der Familie oder den Kindern. Termine, zu denen wir langsam sein dürfen und Muße zelebrieren. Zeitliche Freiräume sind jedoch nicht nur eine Frage der Zeiteinteilung, sondern auch der inneren Einstellung. Wir müssen (und dürfen) Phasen der Schwäche und Unlust zulassen. Gestehen wir uns ein Recht auf Faulheit und Langsamkeit zu, ein Recht auf Pausen, Müdigkeit und – Eigenzeiten.

Wir können von Kindern lernen

Unser Umgang mit Zeit ist das Resultat eines langen Zivilisationsprozesses. Individuell ist er das Ergebnis einer Sozialisation in verschiedenen Phasen der menschlichen Entwicklung – von Kindheit über Jugend bis in das Erwachsenenalter –, in denen unsere Zeiterfahrung geprägt und unser Umgang mit Zeit geformt wird. Das heißt aber auch: Wir können etwas verändern. Und wir können von denen lernen, die diesen Sozialisationsprozess noch nicht durchlaufen haben. Kinder, je nach Alter und Entwicklungsstufe, haben ein anderes Verhältnis zur Zeit als Erwachsene. Kinder leben im Hier und Jetzt. Sie können sich ganz auf eine Sache einlassen. Im Spiel verlieren sie sich in der Zeit. Kindliches Handeln ist von Spontaneität gekennzeichnet. Kinder leben ohne Termine und Befristung. Sie handeln, solange es erforderlich ist oder sie Lust dazu haben, nicht nach der Uhrzeit. Beobachten wir Kinder, beteiligen wir uns an ihrem Spiel. Lernen wir von ihnen und lassen wir ihnen die Zeit, ihr eigenes Verhältnis zur Zeit auszuleben.

Eine Reduzierung der Handlungsvielfalt ermöglicht bewusstes Erleben

Unser Alltag wird immer komplexer, unsere Terminkalender immer unübersichtlicher. Die Zahl der Anforderungen steigt, das Geflecht von privaten und beruflichen Beziehungen wird immer umfangreicher. Gleichzeitig haben wir das Gefühl, wir könnten dauernd etwas verpassen, wir müssten immer noch mehr tun oder haben. Dabei laufen wir ständig Gefahr, uns zu überfordern, unsere Sinnesorgane zu überreizen und den Blick für das Wesentliche zu verlieren. Wir vergessen dabei, dass weniger häufig mehr sein kann: aufmerksameres Erleben, bewusstere Wahrnehmung von sich und anderen, intensivere Beziehungen und mehr Gelassenheit.

Wir müssen Komplexität reduzieren. Dazu müssen wir uns bewusst machen, was uns ganz persönlich wirklich wichtig ist und entsprechende Prioritäten setzen. Wir müssen lernen zu lassen, also Überflüssiges wegzulassen. Wir können ruhig mal etwas verpassen, anstatt ständig dabei zu sein. Dazu gehört auch, immer nur eine Sache zu einer Zeit zu tun und alles der Reihe nach, Schritt für Schritt, anstatt mehrere Dinge simultan in der gleichen Zeit. Wenn es uns gelingt, maßvoll statt maßlos tätig zu sein, dann schaffen wir uns die Bedingung für Zufriedenheit und Genügsamkeit. Nur wenn wir mit Maß genießen, können wir länger genießen. Wir sollten nicht versuchen, alle Träume wahr zu machen, sondern unerfüllte Wünsche aufheben.

Eine neue Zeit-Geld-Logik ändert unsere Einstellung zur Zeit

Durch die Gleichsetzung von Zeit und Geld ist es zum Selbstzweck geworden, immer mehr immer schneller möglichst viel zu erreichen. Unser materieller Lebensstandard hat einen hohen Preis: Zeitnot und Stress. Anstatt Zeit intensiv zu nutzen (um möglichst viel Geld zu verdienen), könnte eine neue Zeit-Geld-Logik unser Verhältnis zur Zeit verändern. Dann wäre Geld nicht mehr Selbstzweck, sondern Mittel zum Leben. Zeit als freie, bewusst erlebte und sinnvoll erfüllte Zeit wird in dieser anderen Logik zum Ziel des Lebens. Zeitwohlstand wird zum Maßstab für Zufriedenheit und Lebensqualität.

Ein Sinnbezug unserer Handlungen verhindert Aktivismus und Langeweile

Wir sind dauernd aktiv und unterwegs. Aber viele wissen keine Antwort auf die Frage: Warum? Wir versuchen ständig, Zeit zu sparen, aber: Wofür? Wir sehnen uns nach Ruhe und flüchten doch meistens vor ihr, weil wir Angst haben, wir könnten uns nicht mit uns selbst beschäftigen. Also flüchten wir meistens vor uns selbst. Die Zeitökonomie kennt die Frage nach dem Sinn nicht. In ihrer Logik sind Aktivismus, Schnelligkeit und Erreichbarkeit Werte an sich, Selbstzweck.

Wir Menschen sollten uns die Frage nach dem Sinn stellen. Denn es macht keinen Sinn zu leben und zu arbeiten, wenn unser Handeln keinen Sinn hat. Diesen Sinn können nur wir selbst, und jeder für sich, unserem Handeln zuschreiben. Dazu müssen wir uns be-*sinn*en. Anstatt dauernd schnellen Trends hinterherzurennen, deren Halbwertszeit gegen null tendiert, sollten wir gelegentlich abschalten. Dann können wir nach dem Sinn unseres Tuns fragen, und zwar nach dem ganz persönlichen Sinn, den Dinge, Aktivitäten oder Beziehungen für uns haben (oder eben auch nicht). Fragen wir uns: Was hat das, was ich tue, mit mir persönlich, meinen Wünschen und Bedürfnissen zu tun? Welchen Sinn sehe ich in dieser oder jener Tätigkeit (und nicht etwa abstrakte Zwecke wie Karriere, Geld oder Ansehen)? Will ich das wirklich? Warum tue ich es? Muss ich es tun? Was wäre, wenn ich es nicht täte? Nur wenn wir uns diese Fragen ehrlich beantworten, dann können wir auch mit dem, was wir tun oder anstreben, zufrieden sein. Und nur, wenn wir die Frage nach dem Sinn beantwortet haben, brauchen wir keine Angst vor solchen Zeiten für uns selbst zu haben, in denen wir allein und zum Nichtstun gezwungen sind (zum Beispiel bei Arbeitslosigkeit, im Ruhestand oder in der Freizeit).

Mit einem bewussten Zeitbewusstsein können wir unseren Umgang mit Zeit verändern

Häufig sind wir zeitlichen Beanspruchungen ausgesetzt, die wir nur diffus als Zeit-Probleme wahrnehmen. Das Gleiche gilt für Überforderungsgefühle oder psychosomatische Beschwerden. Wichtigste Voraussetzung für eine Veränderung unseres Umgangs mit Zeit ist es, sich diese Probleme als Zeit-Probleme bewusst zu machen. Zeit muss als Gestaltungselement in den Mittelpunkt unseres Bewusstseins rücken. Dazu müssen wir uns die Frage stellen (und infrage stellen), wie wir mit Zeit umgehen, warum wir unsere Zeit so einteilen, wie wir es tun, welche Zeitnormen wir verinnerlicht und auch ins Privatleben übernommen haben. Für einen veränderten Umgang mit Zeit müssen wir nach Nischen suchen und Freiräume schaffen: im Privatleben, aber auch im Beruf. Für einen (selbst)bewussten Umgang mit Zeit ist es notwendig zu erkennen, was die eigenen Bedürfnisse und Interessen sind. Und wir müssen lernen, die Dinge, die wir tun, bewusst zu tun (oder zu lassen). Das darf jedoch nicht heißen, unbedingt alle Zeit-Probleme in den Griff kriegen zu wollen. Dieses Ziel würde den Druck nur erhöhen, wenn es nicht gelingt. Insofern sollte also nicht ein perfekter Umgang mit Zeit angestrebt werden, sondern auch und gerade Toleranz für den eigenen Nicht-Perfektionismus.

Übung: Nachdenken über Zeit

Auf dem Weg zu einem bewussten Umgang mit Zeit ist ein wichtiger Schritt das gelegentliche Innehalten, das Bewusstmachen der eigenen Verhaltensmuster und Einstellungen zur Zeit. Eine Anregung hierzu sind die folgenden Begriffe, die Sie sich »auf der Zunge zergehen lassen« sollen. Das können Sie so oft machen, wie Sie wollen und wann und wo Sie wollen. Nehmen Sie jeweils einen Begriff heraus und stellen Sie sich vor, was er für Sie bedeutet, was Ihnen dazu einfällt, welche Einstellung Sie dazu haben. Sie können die Liste natürlich frei ergänzen um alle Stichworte, die Ihnen sonst noch einfallen und wichtig oder interessant erscheinen. Dabei können Sie auch auf die Begriffe zurückgreifen, die Sie in der Übung auf Seite 26 »Zeit-Wörter und Sprüche« gesammelt haben.

Umwege	Montag	Übergänge	Warten
Langsamkeit	Zigarettenlänge	Zeitsouveränität	Urlaub
Routinen	Erinnerungen	Zeit-Diebe	Augenblick
Feierabend	Alltag	Muße	Wiederholungen
Zeitpioniere	Sonntag	Pausen	Schnelligkeit
Kontinuität	Pünktlichkeit	Langeweile	

Anregungen für mögliche Schritte zu einem bewussten Umgang mit Zeit

❖ Stopping, bewusstes Innehalten im Alltag: Suchen Sie Gelegenheiten – bei Rot an der Ampel, bei monotonen Arbeiten (zum Beispiel beim Kopieren, im Bus, Flugzeug oder Zug). Nutzen Sie diese kurzen Momente, um tief durchzuatmen, zu sich zu kommen, Ihre Gedanken schweifen zu lassen und sich zu vergewissern, wer Sie sind und was Sie wollen.

❖ Halten Sie sich ein ganzes Wochenende frei, an dem Sie keine Termine, Verabredungen oder Verpflichtungen haben. Lassen Sie es einfach auf sich zukommen. Tun Sie, wozu Sie Lust haben.

❖ Wenn Sie warten müssen, sagen Sie sich: »Ich darf warten!«, nicht »Ich muss«. Lassen Sie Ihre Gedanken schweifen, beobachten Sie, atmen Sie durch.

❖ Suchen Sie Wartesituationen: Nehmen Sie zum Beispiel statt der kürzesten die längste Schlange im Supermarkt an der Kasse.

❖ Überlegen Sie sich Rituale, um Übergänge, Anfang und Ende zu gestalten (bei der Arbeit, beim Hobby, Essen etc.).

❖ Spielen Sie mit Kindern. Legen Sie Ihre Uhr ab. Lassen Sie sich ganz auf das Spiel ein. Lassen Sie sich, wenn Sie Angst haben, den nächsten Termin zu verpassen, von Ihrem Partner daran erinnern.

❖ Machen Sie einmal pro Woche einen Termin mit sich selbst. Suchen Sie einen ruhigen Ort auf, tun Sie nichts, lauschen Sie auf die Geräusche, riechen Sie. Bewegen Sie sich langsam.

❖ Auf dem Weg von der Arbeit nach Hause: Machen Sie einen Umweg. Auf dem Weg von einem Termin nach Hause: Machen Sie einen Umweg, bleiben Sie an einer schönen Stelle stehen, schauen Sie, lauschen Sie, schmecken und riechen Sie.

❖ Wenn Sie etwas tun, tun Sie nur eine Sache auf einmal. Sagen Sie vor sich hin, was Sie gerade tun, und konzentrieren Sie sich nur darauf (Abwasch, Waschen, Bügeln, Saugen, Essen, Gehen, Fahren).

❖ Bitte schreiben Sie auf, was Ihnen zu der Frage einfällt: Was ist für Sie persönlich Lebensqualität?

❖ Bitte setzen Sie sich einmal in Ruhe hin und schreiben Sie auf: Was ist Ihnen ganz persönlich wichtig? Was ist Ihnen eigentlich gar nicht so wichtig und worauf könnten Sie verzichten? Überlegen Sie, warum Sie nicht darauf verzichten.

Wege zum Zeitwohlstand

*»Wege zum Zeit-
wohlstand haben
Schlaglöcher,
Umleitungen, Staus
und Rastplätze.«*

Veränderung dauert, bedeutet Arbeit (an sich selbst) und schließt Rückschläge nicht aus. Wege zum Zeitwohlstand sind keine frisch asphaltierten Autobahnen. Wege zum Zeitwohlstand haben Schlaglöcher, Umleitungen, Staus, gelegentlich falsche Hinweisschilder, auch Rastplätze, an denen man auf dem Weg zum Ziel verschnaufen darf und sollte. Nur mit diesem Verständnis kann man Toleranz für die eigenen Unzulänglichkeiten finden.

Am Anfang der Veränderung steht die Analyse: des Umgangs mit Zeit, der eigenen Zeit-Persönlichkeit, der Ursachen und Phänomene der Zeit-Probleme. Nur mit dem Bewusstsein, wie wir mit Zeit umgehen und warum, können wir erkennen, dass wir den Zwängen nicht hilflos ausgeliefert sind. Außer der objektiven Situation spielen der biografische Werdegang, Erfahrungen und die Selbsteinschätzung und Einstellung zum Umgang mit Zeit eine wichtige Rolle. Dann müssen realistische und persönlichkeitsspezifische Ziele formuliert werden. Dabei geht es um eine Reduzierung der Belastungen und eine maßvolle Zeiteinteilung nach den eigenen Wünschen, Bedürfnissen und Interessen, um zufriedener, gelassener und ausgeglichener zu werden. Anschließend können Lösungsansätze entwickelt werden. Die im vorherigen Kapitel formulierten Grundsätze dienen als Orientierung, die auf konkrete Fälle angewendet werden können.

Die Problem- und die Zielanalyse sowie die Entwicklung von Gegenstrategien können alleine erfolgen oder im Gespräch mit Vertrauten. Die anschließende Umsetzung ist persönlichkeitsabhängig – und erst Recht kein Prozess, der von heute auf morgen endet. Wenn die Umsetzung das Wichtigste ist, dann glauben Sie nicht, dass Sie Ihre Zeit-Probleme gelöst haben, wenn Sie das Buch durchgelesen haben. Dann geht es erst richtig los.

Wichtig ist bei der Umsetzung der Respekt vor den eigenen Möglichkeiten und Grenzen einschließlich der Toleranz für Fehler. Die Mahnung zu Konsequenz und Selbstdisziplin löst die Zeit-Probleme nicht, sondern verschärft sie. Entscheidend ist die Belastungen zu reduzieren. Und das kann auch heißen, sich so wenig Druck wie möglich zu machen, auch bei der Veränderung des Umgangs mit Zeit. Ziele oder Lösungsansätze können, dürfen und sollten gegebenenfalls wieder revidiert werden.

Bei diesem Ansatz geht es nicht um Rationalisierung, sondern um Sensibilisierung. Jeder Ratgeber kann nur Anregung und Hilfestellung geben, den eigenen Weg zu finden. Zeitwohlstand – was das im Einzelnen ist und wie man dorthin kommt, muss jeder und jede für sich allein entscheiden. Ihre Zeit-Probleme müssen Sie selbst lösen. Dazu müssen Sie Wege finden, die Ihrer Lebenssituation und Persönlichkeit angemessen sind.

Die eigene Zeit-Persönlichkeit erkennen

Am Anfang ist das Wort – ein ehrliches Wort über sich selbst, die Analyse. Keine Angst, Sie müssen dafür nicht auf die Couch. Niemand, wenn Sie es nicht wollen, wird Ihnen unangenehme Fragen stellen. Sie selbst sollten für sich aber diesen Fragen nicht ausweichen. Je mehr Sie über sich selber wissen und über ihren jetzigen Umgang mit Zeit, desto einfacher und erfolgreicher werden Sie Ansätze finden, um Ihre Zeit-Probleme zu lösen.

Der folgende Fragebogen soll Ihnen helfen, Ihre eigene Zeit-Persönlichkeit zu erkennen. Es ist kein Psycho-Test und am Ende haben Sie auch nicht 43 Punkte und fallen in die Schublade »Zeit-Hektiker«, »Müßiggänger« etc. Es gibt keine Zeitvorgabe für die Antworten (das wäre ja noch schöner). Die Fragen sind Anregungen, damit Sie über sich, Ihren Umgang mit Zeit, Ihre Belastungen, über verschiedene Situationen und Ihre Einstellungen nachdenken können. Das Ergebnis kann und sollte die Grundlage für die nächsten Schritte sein.

Die Fragen decken die wichtigsten Problembereiche ab. Niemand zwingt Sie, alle Fragen zu beantworten. Einige Fragen treffen auch nicht auf jeden oder jede zu. Sie können also gerne Fragen auslassen, wenn Sie das für richtig halten. Allerdings sollten Sie bei den Fragen, mit denen Sie sich beschäftigen, ehrlich gegenüber sich selbst sein. Die Antworten sollten Sie nicht bewerten, sondern einfach als Bestandsaufnahme annehmen. Nehmen Sie sich Zeit für die Antworten, so viel Zeit, wie Sie möchten. Was Sie heute nicht schaffen, machen Sie eben morgen oder übermorgen oder nächste Woche.

»Welches sind Ihre größten Zeit-Probleme?«

Fragebogen zur eigenen Zeitpersönlichkeit

Problembewusstsein

Noch bevor Sie im Einzelnen Ihren Umgang mit Zeit analysieren, sollten Sie sich allgemein, gewissermaßen als »Überschriften«, bewusst machen, was Sie ändern wollen. Versuchen Sie zum Einstieg, *das Problem auf den Punkt zu bringen.* Die folgende Frage sollten Sie sich auf jeden Fall beantworten: Welches sind Ihre wichtigsten, größten, störendsten oder belastendsten Zeit-Probleme? Beschreiben Sie in drei bis fünf Sätzen kurz Ihr subjektives Problem-(empfinden).

_____

_____

_____

Gesundheit/Bewältigungsstrategien

Welche Symptome von Zeitstress haben Sie?

☐ Innere Unruhe   ☐ Herz-Kreislauf-Beschwerden
☐ Nervosität   ☐ Magen-Darm-Probleme
☐ Aggressivität   ☐ Schlafstörungen
☐ Gereiztheit

Welche Strategien haben Sie bisher verfolgt, um Zeit-Probleme zu lösen?

_____

_____

Wie reagieren Sie auf Belastungen und Beanspruchungen?

☐ Offensiv   ☐ Defensiv

Versuchen Sie, Belastungen einfach abzuarbeiten, oder suchen Sie sich Entlastungen?

☐ Belastungen abarbeiten   ☐ Entlastungen suchen

Nehmen Sie sich Zeit zur Regeneration oder versuchen Sie eher, ihre Arbeit selbst zu intensivieren, um die Belastungen zu bewältigen?

☐ Zeit zur Regeneration ☐ Arbeit intensivieren

Wie gehen Sie mit Warnsignalen um (Kopf-, Rücken- oder Magenschmerzen, Herz-Kreislauf-Probleme, Erschöpfung)?

☐ Signale beachten ☐ Ignorieren

Rauchen Sie?

☐ Ja ☐ Nein Wie viel? _____

Trinken Sie Alkohol?

☐ Ja ☐ Nein Wie oft? _____ Wie viel? _____

Nehmen Sie Aufputsch- oder Beruhigungsmittel?

☐ Ja ☐ Nein Wie oft? _____

Wie ernähren Sie sich?

☐ Regelmäßig ☐ Unregelmäßig
☐ Schnell ☐ Langsam-genussvoll

Selbstbild: innere und äußere Erwartungen an Ihre Rollen

Wie beurteilen Sie die von Ihnen geleistete Arbeit?

_____

_____

Wie beurteilen Sie Ihr Engagement in der Familie, gegenüber Ihrer Partnerin oder dem Partner und gegebenenfalls den Kindern?

_____

_____

Wie beurteilen Sie Ihr Engagement gegenüber Ihren Freunden?

_____

_____

Wie beurteilen Sie Ihr Engagement in der Freizeit (Verein, Partei etc.)?

_____

_____

Fällt es Ihnen schwer oder leicht, Nein zu sagen?　☐ Schwer　☐ Leicht

Fällt es Ihnen schwer oder leicht, Aufgaben zu delegieren?　☐ Schwer　☐ Leicht

Was erwarten Sie von sich?

_____

_____

Was erwarten wohl die anderen von Ihnen?

_____

_____

Welches Bild von sich versuchen Sie nach außen (an den Chef, die Kollegen, Freunde, den Partner) zu vermitteln?

_____

_____

Welche Ansprüche haben Sie an sich selbst bei der Erledigung einer Aufgabe?

_____

_____

Wie perfekt muss für Sie eine Aufgabe erledigt sein? Oder genügt es, dass etwas irgendwie fertig wird?

_____

_____

Ihre heutige Lebenssituation und Anforderungen

Welchen objektiven Anforderungen und Belastungen sind Sie ausgesetzt (im Beruf, in der Familie, in der Freizeit)?

_____

_____

Welche dieser Anforderungen und Belastungen sind unabänderlich? Und welche Verpflichtungen sind Sie freiwillig eingegangen?

_____

_____

Mit welchen und wie vielen Menschen haben Sie regelmäßig Kontakt?

❖ im Beruf (Kollegen, Chefs, Kunden, Behörden)

_____

❖ privat (Partner, Kinder, Freunde, Verwandte)

_____

Wie lange und wie viel arbeiten Sie täglich bzw. pro Woche?

____ Stunden/Tag   ____ Stunden/Woche

Wie viel Zeit verbringen Sie im Auto, Zug oder Flugzeug für den täglichen Weg zur Arbeit, Wochenendpendeln oder Geschäftsreisen?

____ Stunden/Tag   ____ Stunden/Woche

Wie viel Zeit verbringen Sie mit Ihrer Familie und den Kindern?

_____ Stunden/Tag   _____ Stunden/Woche

Wie viel Zeit verbringen Sie mit Freunden?

_____ Stunden/Tag   _____ Stunden/Woche

Wie viel Zeit verbringen Sie mit Freizeitaktivitäten?

_____ Stunden/Tag   _____ Stunden/Woche

Wie viel Zeit haben Sie für sich selbst, für sich ganz alleine?

_____ Stunden/Tag   _____ Stunden/Woche

Wie reagieren die anderen (der Chef, die Kollegen, der Partner, Kinder, Freunde und Verwandte), wenn Sie Zeit für sich selbst beanspruchen, Nein sagen zu einer Bitte oder Aufgaben delegieren?

_____

_____

Was machen Sie, wenn Sie alleine sind und Zeit für sich haben?

_____

Was empfinden Sie, wenn Sie alleine sind und nichts tun?

_____

Einstellungen

Welchen der folgenden Aussagen stimmen Sie zu, welche lehnen Sie ab?

Bei einem Termin oder einer Verabredung sollte man immer pünktlich sein.	☐ Ja	☐ Nein
Zehn Minuten vor der Zeit, das ist wahre Pünktlichkeit.	☐ Ja	☐ Nein
Man sollte seine Zeit rational einteilen und planen.	☐ Ja	☐ Nein
Schneller ist besser	☐ Ja	☐ Nein
Man sollte sich immer beeilen.	☐ Ja	☐ Nein

Was du heute kannst besorgen, das verschiebe nicht auf morgen.	☐ Ja	☐ Nein
Man sollte eine Aufgabe immer sofort erledigen.	☐ Ja	☐ Nein
Faulheit ist ein Laster.	☐ Ja	☐ Nein
Man sollte seine Zeit nutzen.	☐ Ja	☐ Nein
Man darf keine Zeit verschwenden.	☐ Ja	☐ Nein
Man sollte immer aktiv sein.	☐ Ja	☐ Nein
Wer nicht arbeitet, soll auch nicht essen.	☐ Ja	☐ Nein
Müßiggang ist aller Laster Anfang.	☐ Ja	☐ Nein
Nutze den Tag.	☐ Ja	☐ Nein
Man lebt, um zu arbeiten.	☐ Ja	☐ Nein
Man muss flexibel sein.	☐ Ja	☐ Nein
Man muss immer erreichbar sein.	☐ Ja	☐ Nein
Ohne Fleiß kein Preis.	☐ Ja	☐ Nein
Erst die Arbeit und dann das Vergnügen.	☐ Ja	☐ Nein
Morgenstund hat Gold im Mund.	☐ Ja	☐ Nein

Schätzen Sie aufgrund Ihrer Antworten ein, wie stark Sie sich welchen Zeit-normen verpflichtet fühlen.

_____

_____

Welche Einstellung haben Sie zur Arbeit?

_____

_____

Welche Einstellung haben Sie zur Familie und zu Ihren Kindern?

_____

_____

Welche Einstellung haben Sie zur Freizeit?

_____

_____

Versuchen Sie, so viel wie möglich in Ihre Freizeit
hineinzupacken? □ Ja □ Nein

Wie wichtig sind Ihnen die Aufgaben

- ❖ in Ihrem Beruf? □ Sehr wichtig □ Weniger wichtig
- ❖ in der Familie? □ Sehr wichtig □ Weniger wichtig
- ❖ in der Freizeit? □ Sehr wichtig □ Weniger wichtig

Zeitperspektive

Wenn Sie Ihr Leben in verschiedene biografische Stationen einteilen (Kindheit, Schule, Wehrdienst, Berufsausbildung, Studium, Beruf, Arbeitslosigkeit,
Selbstständigkeit etc.): Wie würden Sie Ihren Umgang mit Zeit in diesen verschiedenen Phasen beschreiben?

_____

_____

Denken Sie oft an die Zukunft? □ Ja □ Nein

Welche Pläne und Ziele haben Sie?

_____

_____

Richten Sie Ihre Tätigkeiten an Ihren Zielen aus? □ Ja □ Nein

Was hat Ihr Leben heute mit der Zukunft zu tun?

_____

_____

Denken Sie oft an Vergangenes (Ärger, Freude, Gefühle)? An was?

_____

_____

Sammeln Sie viele Dinge (z.B. Zeitschriften, Zeitungen, Bücher)? Was?

_____

_____

Fällt es Ihnen schwer, Dinge wegzuwerfen? Warum?

_____

_____

An welchen Erlebnissen oder Beziehungen von früher hängen Sie noch?

_____

_____

Denken Sie oft an das, was Sie noch nicht erledigt
haben? ☐ Ja ☐ Nein

Denken Sie in der Freizeit öfters an die Arbeit? ☐ Ja ☐ Nein

Zeiteinteilung

Welche Regelmäßigkeiten (z.B. Gewohnheiten) gibt es in Ihrem Alltag?

_____

_____

Wie viel frei einteilbare Zeit haben Sie?

____ Stunden/Tag ____ Stunden/Woche

Ist Ihr täglicher Lebensablauf

☐ meist vorhersehbar? ☐ eher unvorhersehbar?

Wie stark planen Sie Ihre Zeit?

☐ sehr stark ☐ weniger stark

Wie kleinteilig planen und organisieren Sie Ihre Zeit?

_____

_____

Benutzen Sie eine Uhr und/oder einen Terminkalender?

☐ Uhr   ☐ Terminkalender

Erledigung von Aufgaben / Arbeitsorganisation

Können Sie gut einschätzen, wie lange Sie für eine bestimmte Aufgabe oder Tätigkeit brauchen?	☐ Ja	☐ Nein
Erledigen Sie Ihre Aufgaben möglichst immer sofort?	☐ Ja	☐ Nein
Wissen Sie häufig nicht, womit Sie anfangen sollen?	☐ Ja	☐ Nein
Schaffen Sie Ihre Aufgaben meistens rechtzeitig?	☐ Ja	☐ Nein
Springen Sie oft von einer Aufgabe zur nächsten, bevor eine Aufgabe erledigt ist?	☐ Ja	☐ Nein
Weichen Sie häufiger bestimmten Aufgaben aus?	☐ Ja	☐ Nein

Wenn ja: Welchen Aufgaben weichen Sie aus und warum?

_____

_____

Sind Sie häufig unkonzentriert?	☐ Ja	☐ Nein
Werden Sie häufig abgelenkt oder gestört (durch Anrufe, Besuche o.Ä.)?	☐ Ja	☐ Nein

Wer oder was stört? Wie reagieren Sie darauf?

_____

_____

_____

Welche Tätigkeiten verschwenden aus Ihrer Sicht Zeit?

_____

_____

_____

Warum tun Sie sie? (Flucht, Lust, Ablenkung, Zwang, Notwendigkeit)

_____

_____

_____

Wie ist Ihr Arbeitsplatz gestaltet?

☐ eher ordentlich ☐ eher unordentlich

Was befindet sich alles an Ihrem Arbeitsplatz?

_____

_____

Mediennutzung

Machen Sie sich bewusst, warum und wie Sie welche Medien nutzen.

Wie häufig und wie lange schauen Sie Fernsehen?

_____

_____

Mit welcher Absicht schauen Sie Fernsehen?

_____

_____

Wie schauen Sie Fernsehen? (bewusstes und gezieltes Sehen, Paralleltätigkeiten, Zappen etc.)

_____

_____

Wie häufig und wie lange hören Sie Radio?

_____

_____

Mit welcher Absicht hören Sie Radio?

_____

_____

Wie hören Sie Radio? (nebenbei, Hinhören, Paralleltätigkeiten, gezielt Ein- und Ausschalten)

_____

_____

Kennen Sie bei der Mediennutzung die Gefühle Zeitfressen, Hängenbleiben, innere Unruhe, Reizüberflutung?

☐ Ja   ☐ Nein

Welche Kommunikationstechnologien nutzen Sie regelmäßig? (Telefon, Anrufbeantworter, Handy, Fax, Computer, Internet, E-mail)

_____

_____

Wie häufig und wie lange nutzen Sie einen PC (beruflich und privat)?

_____

_____

Wie fühlen Sie sich, wenn Sie am Computer arbeiten?

_____

_____

Sind Sie immer/fast immer erreichbar? ☐ Ja ☐ Nein

Haben Sie das Gefühl, Sie müssen ständig erreichbar
sein? ☐ Ja ☐ Nein

Wie fühlen Sie sich, wenn Sie mal nicht erreichbar sind?

_____

_____

Haben Sie das Gefühl, Sie könnten etwas verpassen? ☐ Ja ☐ Nein

Umgang mit Terminen

Welche Einstellung zur Pünktlichkeit haben Sie?

_____

_____

Sind Sie meistens pünktlich oder unpünktlich bei Terminen?

☐ Pünktlich ☐ Unpünktlich

Wie geht es Ihnen, wenn Sie zu früh zu einem Termin kommen?

_____

_____

Wie geht es Ihnen, wenn Sie zu spät zu einem Termin kommen?

_____

_____

Was empfinden Sie, wenn sich bei einem Termin der andere verspätet?

_____

_____

Wie fühlen Sie sich allgemein, wenn Sie auf irgendwen oder -was warten müssen?

_____

_____

Gehen Sie nach dem Ausfüllen noch einmal in aller Ruhe Ihre Antworten durch. Verarbeiten Sie Ihre Stichworte zu einem Text, gewissermaßen zu einem Dossier über sich selbst, einer Beschreibung der eigenen Zeit-Persönlichkeit. Das Aufschreiben erleichtert das Strukturieren Ihrer Gedanken.

Sie vermissen vielleicht die bei Tests üblichen Ketegorisierungen der Antworten. Das ist Absicht. Es entspringt der Überzeugung, dass weder die Zeit-Probleme und -ursachen noch die Lösungsansätze formelhaft standardisierbar sind. Worum es geht ist, dass Sie sich ein Bild von sich selbst machen: davon, was Ihre wichtigsten Zeit-Probleme sind, was diese mit Belastungen, aber auch mit eigenen Einstellungen zum Umgang mit Zeit, zum Beruf und zu anderen Menschen zu tun haben, und schließlich, wie Sie bisher Ihre Zeit-Probleme angegangen sind. Sie sollen ein Gefühl für die eigene Zeit-Persönlichkeit bekommen und sich Ihr Verhalten bewusst machen. An diese Ergebnisse können Sie anknüpfen, wenn Sie eigene Ziele bestimmen und Lösungsansätze für Ihre Zeit-Probleme erarbeiten.

Übung zur Selbstbeobachtung

Beobachten Sie sich und schreiben Sie auf, wann und in welchen Situationen Sie unter Zeitdruck geraten oder Stress empfinden.

_____

_____

_____

_____

Beobachten Sie sich und schreiben Sie auf, in welchen Situationen Sie Anforderungen ausgesetzt sind, die Sie als Belastung empfinden. Welche Anforderungen sind dies? Warum können Sie sich dem nicht entziehen?

_____

_____

_____

_____

Beobachten Sie sich und schreiben Sie auf, wann und in welchen Situationen Sie Zeit für sich haben. Was empfinden Sie dabei? Was tun Sie dann?

_____

_____

_____

_____

Beobachten Sie sich beim Sitzen, Sprechen, Essen, Gehen, Autofahren, Warten. Wie fühlen Sie sich dabei? Schreiben Sie auf, wie Sie sich charakterisieren würden.

_____

_____

_____

_____

_____

Beobachten Sie sich in der Freizeit. Schreiben Sie auf, was Sie wann wie lange mit wem machen, wie Sie die Übergänge von der Arbeit zur Freizeit gestalten und zwischen den einzelnen Aktivitäten in der Freizeit.

_____

_____

_____

_____

_____

Typologie der Zeit-Persönlichkeiten

Was bin ich? Ein Mensch mit Eigenschaften, die uns ein Bild von ihm geben und die ihn auch von anderen unterscheiden (oder jemandem ähnlich machen). Eine Persönlichkeit hat viele Facetten, eine Reihe von Merkmalen, die in den seltensten Fällen angeboren sind, sondern durch Erziehung, Entwicklung und Erfahrungen herangereift sind. Diese Persönlichkeitsmerkmale sind Teile von uns. Sie charakterisieren uns und unser Wesen.

Deshalb sollte man sich gelegentlich bewusst machen, was die eigene Persönlichkeit ausmacht. Denn dann können wir besser verstehen, wie wir auf andere Menschen, auf Ereignisse und Probleme reagieren. Auch lassen sich dann besser Ansatzpunkte finden, wenn wir unser Verhalten an der einen oder anderen Stelle verändern möchten. Denn Persönlichkeitsmerkmale sind meistens kein unabänderliches Schicksal. Gleichwohl müssen wir sie erst einmal akzeptieren. Denn: So sind wir eben.

Ein Teil der Persönlichkeit ist der individuelle Umgang mit Zeit. Jeder Mensch hat bestimmte Formen und Muster des Umgangs mit Zeit. Die Typologie von Zeit-Persönlichkeiten hat verschiedene Aspekte. Einige Beispiele will ich im Folgenden kurz nennen. Wiedererkennungseffekte sind beabsichtigt und sollen Ihnen Anregungen geben, Ihren eigenen Zeit-Typ einzuschätzen. Überlegen Sie sich, zu welchen der folgenden Typen Sie sich und Ihre Zeitstruktur am ehesten zuordnen würden.

Die Typen sind keine festen Schubladen. Nehmen Sie sie für die Selbsteinschätzung bitte nicht auf das Komma genau, sondern als Tendenz. Was Sie aus den Erkenntnissen machen, bleibt Ihnen überlassen. Es folgen in diesem Abschnitt keine Handlungsempfehlungen. Aber auf der Grundlage dieser Selbsteinschätzung sind Sie für die nächsten Schritte besser vorbereitet.

»Jeder Mensch ist eine eigene Zeit-Persönlichkeit.«

Körperliche Leistungsphasen

Menschen haben unterschiedliche Leistungsphasen. Es wird insbesondere zwischen Abendtypen und Morgentypen unterschieden, die sich als Morgenmuffel und Frühaufsteher darstellen können (s. Hildebrandt 1998, S. 125ff.). Unterschiedlich ist unter anderem die Entwicklung der Körpertemperatur. Das nächtliche Minimum der Körpertemperatur liegt bei ausgeprägten Morgentypen fast sechs Stunden früher als bei Abendtypen. Unterschiede stellen sich auch in der Aktivität verschiedener Organe dar. Für jeden erlebbar sind die Unterschiede zum Beispiel beim Einschlafen. Abendtypen schlafen bei frühem Zu-Bett-Gehen erst mit einer langen Übergangzeit ein. Umgekehrt sind Morgentypen nur schwer bis zu einem späten Termin wach zu halten, wobei sich ihre Schlafdauer entsprechend verringert.

Die Typen sind nur begrenzt anpassungsfähig an äußere Zeitstrukturen, die den Körperrhythmen widersprechen, besonders bei Verschiebungen des Schlaf-Wach-Rhythmus. Während sich der Organismus von Abendtypen begrenzt an Nachtarbeit anpassen kann, leisten Morgentypen diese Anpassung nicht. Der Nachtschlaf von Abendtypen wird folgenreich verkürzt, wenn sie deutlich früher aufstehen müssen, als es ihrem Rhythmus entspricht. Bei Morgentypen tritt dieser Effekt ein, sobald sie länger als gewohnt wach bleiben müssen. Solche Erholungsdefizite verringern bereits nach einem Tag die psychische Leistungsfähigkeit. In Grenzen ist der Körper tolerant und gleicht solche »Rhythmusstörungen« aus, wenn der natürliche Rhythmus nur selten verschoben wird. Chronische Erholungsdefizite führen allerdings zur dauerhaften Beeinträchtigung der psychischen und physischen Leistungsfähigkeit.

Objektive Zeitstrukturen

Menschen leben häufig in bestimmten Zeitstrukturen, die die Rahmenbedingung für ihr Verhalten und auch für die Entfaltung ihrer eigenen Zeit-Persönlichkeit bilden. Irene Neverla hat eine Reihe solcher Typen der objektiven Zeitstruktur skizziert und ihnen Personengruppen zugeordnet, die ihnen oft unterworfen sind (vgl. Neverla 1991, S. 203). Dabei ist zu bedenken, dass durchaus im Laufe eines Lebens ein Wechsel zwischen diesen Typen stattfinden kann und immer häufiger stattfindet. Das bedeutet auch jeweils, einen Übergang zwischen diesen Zeitstrukturen zu gestalten und sich neu zu orientieren.

❖ **Leere Zeit**
   Nicht oder nicht mehr berufstätige Personen, Rentner, Arbeitslose.
❖ **Knappe Zeit**
   Berufstätige Personen mit Familie, insbesondere berufstätige Mütter.

❖ **Wohl strukturierte Zeit**
Berufstätige Personen mit eher kurzen und jedenfalls klar gegliederten Arbeitszeiten und geringfügigen Familienpflichten.

❖ **Unstrukturierte Zeit**
Personen mit diffusen Arbeitszeiten, Freiberufler, Selbstständige, Studierende, Hausfrauen.

❖ **Auszeiten**
Diese liegen quer zu den bisher genannten Zeitstrukturen; dazu zählen etwa Urlaubszeiten.

Leistungsorientierung

Menschen haben unterschiedliche Einstellungen zu Leistung und dementsprechend verschiedene Verhaltensmuster (s. Plattner 1993, S. 136f.).

❖ **Typ A-Verhalten**
Dieser Typ hat ein ausgeprägtes Leistungsstreben. Daraus resultieren eine starke Konkurrenzhaltung und ein großer Ehrgeiz. Er neigt zu Aggressivität und Feindseligkeit. Sein Zeiterleben ist von subjektiver Zeitnot gepägt. Häufig ist er ruhelos, ungeduldig und angespannt. Phasen der Entspannung haben für ihn keinen Eigenwert. Er reduziert Entspannung rational auf den Zweck, wieder fit für die Arbeit zu werden. Häufig arbeitet er länger und nimmt dafür weniger Urlaub in Anspruch. Er arbeitet möglichst schnell und macht dabei nur wenige Pausen. Sein ganzes Leben und Streben ist stark auf den Beruf ausgerichtet.

❖ **Typ B-Verhalten**
Dieser Typ dagegen hat gerne Zeit und strebt auch an, Zeit zu haben. Sein Konkurrenzverhalten ist gering ausgeprägt. Aggressivität kommt bei ihm selten auf. Sein Tagesablauf ist gekennzeichnet durch Entspanntheit und Gelassenheit. Er hört auf sich und seinen Körper.

Einstellungen zur Zeitgestaltung

Menschen haben unterschiedliche Einstellungen zur Zeit und ihrer Gestaltbarkeit. Der italienische Soziologe Alessandro Cavalli unterscheidet in einer Studie über Jugendliche vier Typen (vgl. Cavalli 1988, S. 391ff.), die auch allgemein gelten können.

❖ **Der eigenstrukturierte Typ**

Der eigenstrukturierte Typ sieht sich selbst als ein autonomes Subjekt. Seine Zeitvorstellung ist strukturiert. Er möchte sich selbst verwirklichen. Sein Leben sieht er als eine Abfolge bewusster Entscheidungen. Äußere Umstände sind dabei nur eingrenzende Bedingungen. Dieser Typ hat eine ausgeprägte Zukunftsorientierung. Seine Zukunft will er so lange wie möglich offen halten. Allerdings kann er die gesteckten Ziele auf eine zwanghafte und totalisierende Weise verfolgen und dabei seine Kräfte überschätzen. In der Folge kann er durch ein Scheitern und entsprechende Enttäuschung verwundet werden. Dieser Typ ist nach der Studie von Cavalli quer durch alle sozialen Schichten vertreten.

❖ **Der fremdstrukturierte Typ**

Der fremdstrukturierte Typ sieht sich selbst als ein abhängiges Objekt. Seine Zeitvorstellung ist ebenfalls strukturiert. Diesen Typ kennzeichnet ein ausgeprägtes Verlangen nach Sicherheit und eine Haltung des Sichanpassens. Seine Zukunft sieht der fremdstrukturierte Typ als das Ergebnis äußerer Umstände. Seinen Ehrgeiz und seine Pläne reduziert er auf ein realistisches Maß. Sein Leben findet in normalen Bahnen statt. Träume und Realität hält er streng auseinander. Der fremdstrukturierte Typ ist anfällig für Depressionen, wenn er bemerkt, dass es unmöglich ist, Wünsche in die Wirklichkeit umzusetzen. Diesen Typ hat Cavalli insbesondere auf den mittleren und unteren Stufen der sozialen Hierarchie identifiziert.

❖ **Der eigendestrukturierte Typ**

Der eigendestrukturierte Typ sieht sich selbst als ein autonomes Subjekt. Er hat eine ausdrücklich nicht strukturierte Zeitvorstellung. Das Territorium Zeit ist für ihn ein zu erforschender Raum, bei dem er keinen Teil unerforscht lassen will. Er hat viele mögliche Ziele, jedoch kein Endziel. Wenn überhaupt, dann ist sein Endziel die Erforschung aller Möglichkeiten. Er wählt weder den kürzesten noch den bequemsten, sondern den interessantesten Weg. Jede Station hat ihren Wert in sich. Die Gegenwart ist nicht auf die Zukunft ausgerichtet. Entsprechend ist die Zukunft auch nicht die Zeit der Ernte, sondern ein Lagerraum mit möglichst vielen Gegenwarten. Dieser Typ will keine unwiderruflichen Entscheidungen treffen. Umgekehrt ist die Vergangenheit keine Last, positive Bedingung oder Hypothek für die Zukunft, sondern ein Repertoire von Erlebnissen und Erwartungen. Seine Zeiterfahrung ist gegenwartsgebunden. Jeder Lebensplan ist eine Bedrohung der Identität. Der eigendestrukturierte Typ neigt dazu, seine Tätigkeiten in die Nachtstunden zu verlegen und in den Tag hineinzuschlafen. Verschiedene Tätigkeiten übt er über den Tag verteilt ohne jeglichen Plan und ohne Ordnung aufeinander aus. Die jeweilige Dauer verkürzt oder verlängert sich nur nach den inneren und äußeren Umständen. Er hat nie Zeit für Dinge, zu denen er keine Lust hat, aber stets Zeit für Dinge, Menschen und Situationen, bei denen er sich wohl fühlt. Dieser Typ kennt keine Zeitknappheit. Seine Ruhelosigkeit kann ihn jedoch so weit bringen, dass er unfähig wird, eine Initiative zu Ende zu führen, die sich sowohl im Hinblick auf den persönlichen Einsatz wie im Hinblick auf das Erreichen des Zieles über längere Zeit erstreckt. Den eigendestrukturierten Typen hat Cavalli vor allem in mittleren und höheren Gesellschaftsschichten vorgefunden.

❖ **Der fremddestrukturierte Typ**
Der fremddestrukturierte Typ sieht sich als ein abhängiges Objekt. Seine Zeitvorstellung ist nicht strukturiert. Er überlässt die Kontrolle über seine eigene Lebenszeit der Macht der Institutionen. Dabei fühlt er sich wie in einem Labyrinth. Er wird von der Gegenwart überwältigt und heimgesucht, die er nicht überblickt und in der jede Entscheidung kurzlebig und belanglos erscheint. Seine Zukunft liegt in den Händen des Schicksals. Auch seine Vergangenheit sieht er als von Glücksfällen und Schicksalen gekennzeichnet. Zeit wird durch Zufall geregelt. Sein Kennzeichen ist ein vollkommenes Fehlen jeglicher Planung. Mit der Zukunft verbindet der fremddestrukturierte Typ nur Ängste und Träume. Sein Leben ist auf die Gegenwart beschränkt. Diese erlebt er jedoch als ein Geflecht von Fesseln, als einen Käfig ohne Befreiungsmöglichkeit. Gerne flüchtet dieser Typ vor der Wirklichkeit und sucht eine möglichst totale Lösung von der sozialen Zeit. Die Zeit der Gesellschaft ist für ihn nur die Zeit der anderen. Verbreitet ist diese Einstellung vor allem bei gesellschaftlichen Außenseitern.

Orientierungsmuster beim Umgang mit Zeit

Nach ähnlichen Aspekten unterscheidet Irene Neverla Orientierungen bei der Zeiteinteilung. In einer Studie über Mediennutzung nennt sie drei Typen (vgl. Neverla 1991, S. 203f.).

❖ **Zeit-Fügsame**
Ihnen erscheint die Zeit als höhere Gewalt. Sie ist der eigenen Gestaltungskraft entzogen. Diese Einstellung ist eher typisch für untere Schichten. Neverla interpretiert sie als Ausdruck und Folge begrenzter Ressourcen und Handlungsreichweiten in einem Milieu von Deklassierten.

❖ **Zeit-Macher**
Sie betrachten die Zeit als eine bearbeitbare Materie, die individuelle Gestaltung erfordert. Diese Gestaltbarkeit halten die Zeit-Macher auch für möglich. Verbreitet ist diese Einstellung besonders bei Personen, die altersmäßig und im Hinblick auf das soziale Milieu in der Mitte des Lebens stehen, zum Beispiel Angestellte der mittleren Altersgruppen und gut abgesicherte bürgerliche Existenzen. Diese Einstellung korrespondiert zumeist mit einem ausgeprägten Nützlichkeitsdenken und der Vorstellung, dass Lebensverhältnisse beeinflussbar sind.

❖ **Zeit-Sensible**
Diese Gruppe sieht Zeit als ein Element, das einer behutsamen und maßvollen Behandlung bedarf. In ihrer Vorstellung ist Zeit in Grenzen der eigenen Gestaltung zugänglich. Verbreitet ist diese Einstellung vor allem bei randständigen Existenzen, bei Jugendlichen und bei Personen mit einem unkonventionellen Lebensstil. Gekoppelt ist dieses Verhältnis zur Zeit häufig mit einer kritischen Haltung zu den gesellschaftlichen Verhältnissen und mit einer distanzierten Haltung gegenüber einem starken Effizienzdenken.

Bewältigungsstrategien

Menschen gehen unterschiedlich mit Belastungen um. Birgit Meiners unterscheidet in einer Studie über doppelbelastete Frauen Bewältigungsstrategien (vgl. Meiners 1992, S. 124ff.). Auch diese Typen lassen sich verallgemeinern und auf den Umgang anderer Gruppen – zum Beispiel von Männern oder allein lebenden Frauen – mit zeitlichen Belastungen übertragen.

❖ **Die Widerständigen**
Die Widerständigen weigern sich, möglichst reibungslos und unauffällig alle an sie gestellten Erwartungen zu erfüllen. Sie reagieren sensibel auf ihre beruflichen und außerbetrieblichen Belastungen. Psychophysische Befindlichkeiten wie Kopf- und Rückenschmerzen, Nervosität und Aggressivität signalisieren ihnen, wenn sie stark beansprucht sind. Sie versuchen nicht, solche Anzeichen zu unterdrücken. Es ist ihnen wichtig, negative Gefühle des Beanspruchtseins direkt zum Ausdruck zu bringen. Sie verordnen sich als Selbstinstruktionen Langsamkeit und Ruhe. Zu ihren Entlastungsstrategien gehören: Unwichtiges liegen lassen, Prioritäten setzen, andere um Unterstützung bitten, die Inanspruchnahme von Kolleginnen

und Kollegen im Betrieb und des Partners bei der Hausarbeit. Die Widerständigen gehen mit ihrer Gesundheit pfleglich um. Sie nehmen sich Zeit für regelmäßige Arztbesuche, verzichten auf Arzneimittel und Genussmittel, um ihre Leistungsfähigkeit herzustellen.

❖ **Die Belastungsriesinnen**

Sie fühlen sich durch Beruf und Familie stark beansprucht und häufig überfordert. Trotz ständigen Zeitdrucks empfinden sie jedoch keine Beschwerdesymptome. Körperliche und psychische Warnsignale werden unterdrückt. Die Belastungsriesinnen fand Meiners vor allem in der Altersgruppe zwischen 30 und Mitte 40. Um ihre Anforderungen abzuarbeiten, beschleunigen sie ihr Arbeitstempo im Betrieb und machen die Hausarbeit im Akkord. Angestaute Gefühle führen bei ihnen öfters zu explosionsartigen Aggressionsausbrüchen mit anschließenden Schuldgefühlen. Auch bei der persönlichen Erholung und der Gesundheitspflege versuchen sie, Zeit zu sparen. Lieber greifen sie eigentherapeutisch zu frei verkäuflichen Arzneimitteln und Genussmitteln.

❖ **Die Angeschlagenen**

Die Angeschlagenen interpretieren ihre zeitlichen Belastungen ähnlich wie die Belastungsriesinnen. Angeschlagene finden sich vor allem in der Altersgruppe zwischen 40 und 55. Ihre körperliche Kondition lässt nach. Sie fühlen sich erschöpft und niedergeschlagen und haben nicht mehr zu verdrängende Verschleißerscheinungen und Schmerzen. Nach wie vor sind sie bestrebt, Beschwerden als normal zu bagatellisieren. Mit Durchhalteparolen versuchen sie, sich selbst zu motivieren. Sie intensivieren ihre Arbeit im Betrieb, um sich keine Blöße zu geben. Dabei haben sie das Gefühl chronischer Überforderung und völliger Erschöpfung. Die Bagatellisierung von gesundheitlichen Beeinträchtigungen betrachten sie als normal. Auch bei der Hausarbeit halten sie einen hohen Standard aufrecht. In der Freizeit bevorzugen sie passive Erholung. Arztbesuche werden hinausgezögert.

❖ **Die Gelassenen**

Sie haben ähnliche Belastungen wie die Angeschlagenen. Durch die Pflege hochbetagter Eltern sind sie zum Teil außerbetrieblich zeitlich stark eingebunden. Alle Gelassenen sind über 40 Jahre alt. Sie nehmen Beanspruchungssymptome ernst und versuchen, sich sofort Freiräume zur Erholung zu schaffen. Ihre Belastungen bewältigen sie durch Gespräche mit anderen oder durch eigene Reflexion. Ihre Philosophie ist, alle Dinge in Ruhe und Gelassenheit anzugehen. Sie geben nicht primär sich selbst die Schuld für zeitliche Engpässe, sondern vor allem Faktoren im Betrieb. Ihre gelassene Lebenseinstellung wurde oft ausgelöst durch schmerzhafte Lebensereignisse und Krisen, ist also biografisch erarbeitet. Zu ihrem Bewältigungsrepertoire gehören häusliche Erholung, entspannende Aktivitäten und außerhäusliche Unternehmungen. Insgesamt prägt der Selbstschutz ihren Umgang mit der eigenen Gesundheit. Gelassene meiden meistens Genuss- und Arzneimittel und nehmen sich Zeit für regelmäßige ärztliche Untersuchungen.

❖ **Die Unselbstständigen**

Die Unselbstständigen schließlich haben weder Kinder noch Mann oder Frau, weder Betreuungsfälle noch sich selbst zu versorgen. Sie sind zwischen 20 und 30 Jahre alt und können als Nesthocker bezeichnet werden. Sie delegieren ihre Hausarbeit an die Eltern. Gefühle von Belastung und Stress haben sie auch, besonders durch die Häufung von Freizeitaktivitäten und die Pflege mobiler Beziehungen. Ihre Bewältigung ist von Passivität geprägt. Sie haben eine hohe Sensibilität für berufliche und private Beanspruchungen, aber keine offensiven Bewältigungsversuche. In der Freizeit ziehen sie sich oft häuslich-passiv zurück. Die Unselbstständigen fühlen sich häufig abgespannt und gesundheitlich labil. Sie haben weder ein schützendes Gesundheitsverhalten noch gesundheitlich schädigende Verhaltensweisen.

Der Zeit-Metaphern-Test

Zum Abschluss möchte ich Ihnen einen Test aus den Archiven der Psychologie vorstellen: den Zeit-Metaphern-Test nach Robert Knapp und John Garbutt von 1957 (vgl. Psychologie heute, Heft 6/1998, S. 26). Sie haben Zeitbilder aus der Literatur gesammelt und in Beziehung gesetzt zu drei verschiedenen Zeit-Typen bzw. Lebensweisen und Einstellungen.

Bitte schauen Sie sich die Liste mit den 25 Zeitbildern an. Stellen Sie sich das mit den Begriffen Bezeichnete bildlich vor. Schreiben Sie neben die fünf Bilder, die Ihnen am besten gefallen, die ein positives, angenehmes Gefühl auslösen oder die Sie einfach schön finden, eine 1; neben die fünf Bilder, die Ihnen am zweitbesten gefallen, eine 2. Wenn Sie fertig sind, markieren Sie in den Zahlenreihen unten, welche Bilder mit einer 1 bzw. mit einer 2 bewertet wurden, und schauen Sie, wo sich ein Schwerpunkt herausgebildet hat. Dann können Sie nachgucken, was diese drei Typen I, II und III bedeuten und welchem Sie sich zuordnen würden.

Der Zeit-Metaphern-Test

1 ein großes kreisendes Riesenrad *1*
2 ein Kreisel
3 ein Weg, der über einen Berg führt
4 aufgehende Blattknospen *2*
5 ein alter Mann mit Stock
6 ein Vogel im Flug *1*
7 ein sausendes Weberschiffchen
8 eine sich abwickelnde Spule
9 ein rasender Zug
10 ein still ruhendes Meer *2*
11 eine brennende Kerze *2*
12 eine Treppe, die nach oben führt
13 ein stürzender Wasserfall
14 ein Raumschiff im Flug
15 vom Wind verwehter Sand *1*
16 eine alte Frau am Spinnrad
17 dahinziehende Wolken *1*
18 marschierende Füße
19 ein unermesslich ausgedehnter Himmel *2*
20 der Felsen von Gibraltar
21 ein fliehender Dieb
22 ein verschlingendes Ungeheuer
23 ein ruhiger, einschläfernder Gesang *2*
24 eine Perlenschnur *1*
25 ein galoppierender Reiter

Auswertung:

Wenn Sie herausfinden möchten, welcher Zeittyp Sie sind, müssen Sie feststellen, in welcher Gruppe Ihre Zeit-Metaphern liegen.

  I: 2, 7, 9, 13, 14, 21, 25
 II: 3, 4, 10, 15, 17, 19, 20
III: 1, 5, 8, 11, 16, 22, 23, 24

Die Zeitmetaphern 6, 12 und 18 liegen inhaltlich zwischen zwei verschiedenen Zeittypen.

 6: zwischen I und II
12: zwischen II und III
18: zwischen I und III

Auf der nächsten Seite finden Sie die Beschreibung der entsprechenden Zeittypen.

I. **Der Aktive**

Er ist sehr leistungsmotiviert und folgt einem newtonisch geprägten Zeitverständnis: linear und zielgerichtet. Für viel Lebensfreude ist in diesem westlichen Zeiterleben nicht viel Raum. Die Zeit des Leistungsmotivierten erschien den Psychologen wie eine zum Wettbewerb drängende Kraft, die es ihm gleichzeitig unmöglich macht, die Freuden des Erfolgs auch auszukosten, wenn dies nicht sorgfältig kontrolliert werden kann.

II. **Der Kontemplative**

Dieser Typ folgt dagegen keinerlei zeitlichen Richtungsvorgaben. Sein Zeiterleben erscheint als ein passiv ruhender Lebenshintergrund oder eine alles einbettende Umgebung, ganz so, als sei die Zeit ein ozeanisches Medium. Knapp und Garbutt sprechen von einem östlich geprägten, mythisch oder buddhistisch anmutenden Zeitsinn.

III. **Der Lebendige**

Er lebt eine Zeit, die stark von menschlichen Verhaltensweisen und Gestalten geprägt ist, die dem Ideal nahe kommt, dass der Mensch das Maß aller Dinge ist. Diese Haltung lässt den lieben Gott einen guten Mann sein und wird von den Psychologen als mediterrane Lebenseinstellung bezeichnet.

Zielbestimmung

Jetzt haben Sie sich ein Bild davon gemacht, was für einen Umgang mit Zeit Sie pflegen, welche Zeit-Probleme Sie subjektiv empfinden, was die Ursachen dafür sein können und welche Einstellungen Sie zur Zeit und ihrer Gestaltbarkeit haben. Jetzt gilt es, einen Schritt weiterzugehen auf den Wegen zum Zeitwohlstand. Dazu müssen Sie die Richtung wissen, in die Sie gehen wollen. Sie brauchen eine Vorstellung davon, was für Sie Zeitwohlstand sein kann.

Dazu sollen Sie Ihre eigene Vision entwerfen, ein Ziel auf der Grundlage Ihrer eigenen Zeit-Persönlichkeit. Es geht nicht darum, Luftschlösser zu bauen, sondern um die differenzierte Bestimmung realistischer Ziele. Es sind *Ihre* Ziele, nicht die Ihrer Eltern, Kollegen, Freunde oder Ihres Partners. Diese Beziehungen fließen in eine realistische Zielbestimmung ebenso mit ein wie Zwänge, denen man unterworfen ist. Aber im Mittelpunkt steht Ihr Anliegen, Ihren Umgang mit Zeit gelassener und zufriedener zu gestalten. Dabei sollte eine Balance gefunden werden zwischen der eigenen Zeit-Persönlichkeit und den Bedingungen der Lebensumwelt.

»Formulieren Sie realistische Ziele – Ihre Richtung zum Zeitwohlstand.«

Auch der Weg zu Ihrem Ziel ist ein Teil des Ziels. Natürlich soll man auf einem Weg vorwärts kommen, wenn man sich dem Ziel nähern will. Aber bedingungslose Konsequenz und Selbstdisziplin wären die falschen Ratschläge, um Fortschritte zu machen. Man kann sich nicht von einem Tag auf den anderen verändern. Und eine zu strenge Disziplin engt nicht nur ein. Sie erhöht den Druck, frustriert und verursacht ein schlechtes Gewissen, wenn die neuen Ziele nicht sofort erreicht werden.

Also: Versuchen Sie, gelassen auf Ihren Wegen zum Zeitwohlstand voranzuschreiten. Verlassen Sie die Überholspur und schauen Sie gelegentlich aus dem Fenster. Nehmen Sie sich Zeit für Umwege. Machen Sie gelegentlich Rast und blicken Sie voller Stolz auf die Wegabschnitte, die Sie schon hinter sich haben. Und bringen Sie Toleranz für Ihre Unzulänglichkeit auf, wenn Sie wieder einmal anders mit Ihrer Zeit umgehen, als Sie es sich eigentlich vorgenommen haben.

Ziele und Erwartungen

Machen Sie sich zunächst klar, was allgemein Ihre Ziele und Erwartungen an Veränderungen sind. Stellen Sie sich vor, Sie könnten mit Ihrer Zeit machen, was Sie wollen, und niemand könnte Ihnen etwas vorschreiben oder Druck auf Sie ausüben:

❖ Formulieren Sie Ihre Ziele unabhängig von Sachzwängen.
❖ Machen Sie sich dabei bewusst: Was sind eigentlich Ihre eigenen Bedürfnisse, Wünsche und Interessen?

_____

_____

Da wir mit anderen Menschen zusammenleben und -arbeiten, können wir selten unsere Interessen ungehemmt und unverfälscht durchsetzen. Deshalb sollten Sie in einem zweiten Schritt realistische und überschaubare Ziele bestimmen. Auch wenn Sie sich zu viel vornehmen, kann das Ergebnis frustrierend sein, wenn Sie nicht alle Ziele erreichen.

❖ Nehmen Sie sich daher aus der Problemanalyse noch einmal Ihre Liste mit den wichtigsten Zeit-Problemen hervor.
❖ Wählen Sie anschließend aus Ihren Zielen die drei wichtigsten Ziele aus.

_____

_____

_____

Möglichkeiten und Grenzen

Auf den Wegen zum Zeitwohlstand liegen Schlaglöcher und Hindernisse. Einigen kann man ausweichen, anderen nicht. Manche Wege sind und bleiben gesperrt. Dafür entdeckt man unter Umständen Nebenstrecken und Umwege, von denen man nichts ahnte. Die Hindernisse sollten Ihnen bewusst sein. Sonst entwickeln Sie Erwartungen, die Sie nicht erfüllen können. Aber wenn Sie die Fallstricke kennen, dann können Sie auch überlegen, ob Sie sie zumindest gelegentlich umgehen können.

❖ Erinnern Sie sich zunächst noch einmal, wie Sie Ihren Zeit-Typ einschätzen:

_____

_____

_____

❖ Wo widerspricht Ihr Lebensumfeld Ihrer eigenen Zeit-Persönlichkeit?

_____

_____

_____

❖ Welche Hemmungen und Widerstände gegen die Umsetzung Ihrer Ziele haben Sie selbst?

_____

_____

_____

❖ Welche Ziele sind aus Ihrer Sicht unrealistisch?

_____

_____

_____

❖ Warum halten Sie diese Ziele für unrealistisch?

_____

_____

_____

❖ Wie werden wohl wichtige Personen im privaten und beruflichen Umfeld reagieren, wenn Sie Ihre Ziele beim Umgang mit Zeit anstreben?

_____

_____

_____

❖ Welchen Widerstand erwarten Sie? Wie reagieren Sie darauf?

_____

_____

_____

❖ Welche Freiräume oder Nischen können Sie sich schaffen im Privatleben? Im Beruf?

_____

_____

_____

❖ Auf welche Dinge, die Zeitzwänge verursachen, könnten Sie verzichten?

_____

_____

_____

Übung: Der achte Tag

1994 hat ein Bürger in einer Petition an den Deutschen Bundestag eine Reform des Kalenders gefordert. Demnach sollte die 52. Woche des Jahres immer acht Tage haben, außerdem alle vier Jahre die 26. Woche. Bei diesem Schema könnten jedes Jahr und jedes Quartal mit einem Montag anfangen, vorausgesetzt, die Monatslängen würden ebenfalls geändert. Der achte Tag sollte generell ein Feiertag sein. Ein Argument dafür war, dass jeder Bürger an diesem achten Tag die Seele baumeln lassen könne. Der Bundestag hat den Antrag schließlich abgelehnt, insbesondere mit Hinweis auf die Notwendigkeit international einheitlicher Regelungen.

Stellen Sie sich vor, der Kalender würde reformiert und es würde in *jeder* Woche ein zusätzlicher achter Tag eingeführt, der grundsätzlich ein Feiertag ist. An diesem achten Tag könnten Sie »die Seele baumeln« lassen oder tun, was immer Sie wollen. Was würden Sie an diesem Tag machen?

_____

_____

_____

_____

_____

Überlegen Sie, wo Sie diese Dinge in den ersten sieben Tagen einbauen können.

Typische Problemfelder und Lösungsansätze

»Die folgenden Vorschläge sind Angebote. Jeder muss seinen eigenen Weg zum Zeitwohlstand gehen.«

Im fünften Kapitel habe ich Grundsätze formuliert für einen belastungsreduzierenden, bewussten Umgang mit Zeit. Im Folgenden werden diese Grundsätze auf typische Zeitprobleme übertragen. Hinzu kommen einige Vorschläge, die von anderen formuliert wurden (vgl. besonders Plattner 1992 und 1993). Vor allem: Die Lösungsvorschläge sind weder allgemein gültig noch unfehlbar. Die Problemfelder gehen zum Teil ineinander über; die Lösungsvorschläge bauen teilweise aufeinander auf. Sehen Sie die Vorschläge vor dem Hintergrund der Analyse Ihrer Zeit-Probleme, Ihrer eigenen Zeit-Persönlichkeit und Ihren Zielen für einen anderen Umgang mit Zeit. Die Vorschläge sind Angebote. Jeder muss seinen eigenen Weg gehen, auch den zum Zeitwohlstand.

Typische Zeitprobleme
- ❖ Belastungen und Anforderungen.
- ❖ Aufgabenerledigung.
- ❖ Zeiteinteilung.
- ❖ Mediennutzung.
- ❖ Zukunfts- und Vergangenheitsorientierung.
- ❖ Umgang mit Terminen.
- ❖ Zeit für sich und persönlich wichtige Dinge.
- ❖ Körperliche und psychische Symptome.
- ❖ Verhalten gegenüber anderen und sich selbst.

Belastungen und Anforderungen

Belastungen

Zur Belastung können generell alle Verpflichtungen und Anforderungen werden, die als solche empfunden werden und die das Gefühl hervorrufen, das ganze Leben bestehe nur noch aus diesen Verpflichtungen und Anforderungen. Zumeist liegen ihnen private und berufliche Beanspruchungen zugrunde. Aber auch das eigene Verhalten trägt dazu bei, sie als Belastung zu empfinden. Man kann nicht Nein sagen oder delegieren. Ehrgeiz, Leistungsorientierung und die Suche nach Anerkennung führen dazu, dass zu viele Verpflichtungen übernommen werden und zu viel Zeit verplant wird.

Listen Sie einmal alle Rollen auf, die Sie haben (Angestellter bei a, Freund von b, Partner von c, Vater oder Mutter von d, Mittelstürmer beim VFL e, Beisitzer im Vereinsvorstand f etc.). Machen Sie eine Rangfolge dieser Rollen mit absteigender persönlicher Wichtigkeit für Sie. Überlegen Sie, worauf Sie am ehesten verzichten könnten. Fragen Sie sich bei allem: Warum tue ich es? Möchte ich es tun? Muss ich das tun? Was passiert, wenn ich es nicht tue? Überdenken Sie Ihre verschiedenen Rollen, Ziele und Projekte, in die Sie eingebunden sind. Reduzieren Sie sie und setzen Sie sich neue, andere Ziele, die Ihnen selbst entsprechen. Suchen Sie sich Nischen, nehmen Sie sich Zeit für Dinge, die Ihnen persönlich wichtig sind. Und schaffen Sie zeitliche Freiräume. Verplanen Sie gelegentlich einen oder mehrere Tage gar nicht. Lassen Sie diese Tage auf sich zukommen und tun Sie nur, wozu Sie spontan Lust haben.

Überforderung

Aufgrund zu vieler Verpflichtungen und Anforderungen fühlen sich viele Menschen überfordert und glauben, nicht alles zu schaffen. Man nimmt sich zu viel vor und gerät in einen Käfig der Überforderung, weil man nicht den Mut hat, auf Dinge zu verzichten.

In diesem Fall: Suchen Sie sich Entlastungen. Versuchen Sie, Aufgaben zu delegieren. Das muss nicht nur im Betrieb sein; das können auch zu Hause der Partner, die Kinder, Freunde oder Verwandte sein. Sagen Sie in Phasen der Überforderung konsequent »Nein«, wenn neue Aufgaben an Sie herangetragen werden. Wichtig ist auch die Zeit für Pausen, anstatt ununterbrochen zu versuchen, alle Anforderungen abzuarbeiten. Nehmen Sie sich täglich das Recht, sich für eine Stunde zurückzuziehen, in der Sie nichts für andere tun und nicht erreichbar sind. Es ist Ihre Zeit.

»Schaffen Sie Frei-Zeiten, suchen Sie Entlastungen.«

Zeitnot

Hinter dem Phänomen Zeitnot verbergen sich Hektik und Eile, die in unserer Gesellschaft positiv bewertet werden. Sie werden mit Leistungsorientierung und Ehrgeiz verbunden. Zeitdruck kann gelegentlich notwendig sein, zum

Beispiel um Spannung zu erzeugen, damit eine Aufgabe erledigt wird. Krisenhaft wird es, wenn Zeitstress zum Dauerzustand wird. Wichtig ist eine Balance zwischen Anstrengung und Entspannung, Schnelligkeit und Ruhe. Machen Sie sich dabei bewusst: Häufig sind Hektik und Zeitnot lediglich Statussymbole und Ersatz für ein fehlendes Selbstwertgefühl.

Fragen Sie sich wieder, gerade auch bei den Aufgaben, die Sie sich selbst stellen: Warum tue ich das? Will oder muss ich das tun? Und was passiert, wenn ich es nicht tue? Probieren Sie eine Spielregel: Eine Viertelstunde pro Tag bin ich nicht hektisch. Üben Sie Stopping, in jeder Stunde nur eine Minute. Halten Sie inne, schließen Sie die Augen, atmen Sie tief durch, fragen Sie nach dem Sinn dessen, was Sie gerade tun. Nutzen Sie Momente im Alltag, um eine kurze Auszeit zu nehmen. Bleiben Sie vor dem Aussteigen einige Momente länger im Auto. Setzen Sie sich im Trubel auf eine Bank. Genau dafür sind die übrigens da.

Arbeitssucht

Ein ernstes Problem ist Arbeitssucht: Die Betroffenen nehmen sich stets zu viel vor und arbeiten bis zur Erschöpfung. Sie beurteilen sich nur nach der Menge geleisteter Arbeit und denken in der Freizeit ständig an ihre Arbeit. Arbeit gilt als Statussymbol. Dahinter stecken häufig Selbstwertprobleme wie bei einer Reihe anderer Zeitprobleme auch: Man glaubt, erst etwas leisten zu müssen, um anerkannt und geschätzt zu werden. Man versucht, sich und anderen etwas zu beweisen. Oft ist diese Sucht auch eine Flucht: vor sich selbst, vor Problemen und Beziehungen. Arbeitssucht ist gesellschaftlich sehr akzeptiert – und gefährlich: Erschöpfungszustände und Burn-out, chronische Magengeschwüre und Herzinfarkt sind mögliche Langzeit-Folgen.

Betroffene müssen sich diese Belastungen und die Ursachen (die oft in der Persönlichkeit verwurzelt sind) bewusst machen und sie infrage stellen. Sie kommen nicht umhin, sich die Sinnfrage zu stellen: Was macht mich glücklich und zufrieden? Was ist mir wichtig in meinem Leben? Die größte Schwierigkeit, aber auch Herausforderung liegt darin zu erkennen, was eigene Bedürfnisse und Interessen sind. Man muss erkennen, dass man ohne Leistung etwas wert ist. Das ist die Voraussetzung, um Belastungen abzubauen, Projekte und Verpflichtungen zu reduzieren und neue Ziele zu setzen, die einem selbst entsprechen.

Die Schwierigkeit ist nicht nur, Zeiten für sich selbst einzurichten. Gerade Arbeitssüchtige wissen dann nicht, was sie mit sich anfangen sollen. Seine Bedürfnisse und Interessen muss jeder selbst herausfinden. Ein erster Schritt kann sein, etwas Schönes zu tun, zum Beispiel mit dem Fahrrad in die Natur zu fahren, ins Kino oder Theater zu gehen, zu Hause Musik zu hören oder etwas zu lesen, das einen interessiert.

Freizeit-Stress

Das Modewort Freizeit-Stress bezeichnet den Versuch, so viel wie möglich in die Freizeit hineinzupacken und keine freie Minute ungenutzt zu lassen. Zeitnormen und vielfältige kommerzielle Angebote spielen hierbei eine wichtige Rolle, ebenso die Angst vieler vor Ruhe und Alleinsein.

Freizeit-Gestresste sollten ihren Aktivismus infrage stellen. Fragen Sie sich, warum Sie das alles tun. Ist es in jedem Fall Interesse und Lust? Sind es Verpflichtungen? Oder ist es Ablenkung und Flucht? Wenn ja, vor was? Um Aktivitäten auf ein verträgliches Maß zu reduzieren, ist es sinnvoll, sich klarzumachen, wie wichtig einem die einzelnen Dinge sind und was passiert, wenn man auf bestimmte Aktivitäten verzichtet. Setzen Sie Prioritäten bei den Aktivitäten, die wirklich ihr persönliches Interesse sind. Und gönnen Sie sich freie Tage, die Sie nicht verplanen.

Aufgabenerledigung

Perfektionismus

Übertriebene Genauigkeit und die Angst vor Fehlern, können ebenfalls zu Zeit-Stress führen. Dabei entwickeln Perfektionisten hohe Ansprüche an sich selbst, suchen bei ihrer Arbeit stets nach Fehlern und Angriffspunkten. Sie beschäftigen sich länger mit Aufgaben als nötig. Oft kümmern sie sich um alles selbst.

Oft lohnt es dann, sich darüber klar zu werden, dass vieles nicht wert ist, besser zu werden. Man kann sich bei jeder Aufgabe fragen, wie wichtig es einem ist, hierbei besonders gut zu sein. Setzen Sie Ihre Ansprüche herab, je nachdem wie wichtig Ihnen persönlich eine bestimmte Aufgabe ist. Fragen Sie sich: Was ist schon gut? Reicht es nicht vielleicht, wie weit es jetzt ist? Wie lange brauche ich schon für diese Aufgabe? Und wie lange will ich brauchen? Wie wichtig ist es mir, es selbst zu tun? Überlegen Sie sich Rituale, um Dinge abzuschließen, wenn sie *fertig* sind – nicht, wenn sie perfekt sind.

Arbeitsplatzorganisation

Auch Unordnung am Arbeitsplatz und das berühmte Chaos auf dem Schreibtisch sind auf den zweiten Blick ein Zeit-Problem. Unordnung erzeugt innere Unruhe. Man arbeitet an mehreren Aufgaben gleichzeitig und produziert nur halb fertige Ergebnisse. Dabei denkt man immer an das, was noch zu tun ist, aber nicht an das, was man gerade tut. Man hat Angst, Dinge wegzuwerfen. Nichts wird richtig abgeschlossen.

Dann muss man Prioritäten setzen. Sortieren Sie Dinge aus, werfen Sie sie weg, verabschieden Sie sich von Ihnen. Um eine auch optische Ruhe zu haben, sollte man alle Dinge aus dem Blickfeld räumen, die nichts mit der aktuellen Aufgabe zu tun haben, und nur die Dinge vor sich legen, mit denen man sich gerade beschäftigt. Ideal ist ein Extra-Tisch für konzentriertes Arbeiten, auf dem immer nur die für die aktuelle Arbeit nötigen Sachen liegen. Und schließen Sie eine Aufgabe ab, wenn Sie erledigt ist. Denken Sie sich ein Ritual aus. Machen Sie eine Pause. Nur wenn etwas Altes abgeschlossen ist, kann etwas Neues beginnen.

Aufschieben von Aufgaben

Das dauernde Aufschieben von Aufgaben mit schlechtem Gewissen ist meistens nicht nur darin begründet, dass man sich zu viele Aufgaben auflädt. Dazu kommt, dass bestimmte Aufgaben als unangenehm empfunden werden. Auch fehlende Prioritäten können dazu führen, dass Aufgaben aufgeschoben werden. Dann sollte man sich fragen, warum immer aufgeschoben wird. Fragen Sie sich bei einer Aufgabe, die Sie dauernd aufschieben: Möchten Sie diese Aufgabe tun? Oder müssen Sie sie tun? Warum glauben Sie, diese Aufgabe tun zu müssen? Was passiert, wenn Sie die Aufgabe nicht erledigen? Dann sollten Sie Prioritäten setzen und Aufgaben weglassen, die Ihnen nicht wichtig sind.

Allerdings sollten Sie bei der Prioritätensetzung nicht nur nach Erfolgskriterien vorgehen. Auch Ihre Interessen, Wünsche und persönliche Zufriedenheit sind wichtige Maßstäbe dafür, wie wichtig eine Aufgabe ist. Setzen Sie sich für Aufgaben, die Sie bewusst erledigen wollen, feste Termine und Fristen. Lassen Sie aber auch Zeiten der Unlust zu. Schließlich können Sie sich selbst belohnen, wenn Sie eine Aufgabe erledigt haben.

»Setzen Sie Prioritäten – nach Ihren persönlichen Wünschen und Bedürfnissen.«

Durcheinander ohne Anfang und Ende

Häufig entsteht Stress wegen des Durcheinanders von Aufgaben. Alles wartet auf einmal. Man weiß nicht, womit man anfangen soll. In der Folge springt man dann von einer Aufgabe zur nächsten und wieder zurück, ohne etwas richtig zu beenden. Zu viele Aufgaben sind eine Ursache dafür. Wenn Prioritäten oder Ziele fehlen, erscheint alles gleich wichtig. Das Springen kann auch daran liegen, dass einzelne Aufgaben als unangenehm empfunden werden. Oder man hat Angst vor bestimmten Aufgaben.

In diesem Fall sollte man sich klarmachen, wie wichtig das ist, was man gerade tut. Dann kann man weitermachen oder aufhören. Auch Prioritäten sollte man sich setzen und ein übergeordnetes Ziel. Das vermeidet Prioritätenlosigkeit und Inhaltsleere, aber auch zu viele Prioritäten. Gleichzeitig sollten wieder Zufriedenheit und eigene Wünsche die Maßstäbe sein, nicht nur Erfolg. Um ein Durcheinander beim Abarbeiten der Aufgaben zu vermeiden, sollten diese nacheinander, Schritt für Schritt, angegangen werden.

Auch optisch sollte man sich die Arbeit auf dem Schreibtisch (oder woanders) so arrangieren, dass man nur die Aufgabe sieht, mit der man sich gerade beschäftigt. Für die Reihenfolge der Aufgaben sollte nicht unbedingt die Wichtigkeit oder Dringlichkeit maßgebend sein. Man kann mit kurzen Aufgaben beginnen. Das vermittelt schneller das Gefühl, etwas geschafft zu haben, und motiviert für die nächsten Vorhaben. Unangenehme Aufgaben können ebenfalls am Anfang stehen. Wenn man noch den Ausblick auf Angenehmes hat, geht die Arbeit einfacher voran. Erledigte Dinge kann man auf einer Aufgabenliste durchstreichen, nicht nur gedanklich abhaken. Das vermittelt auch optisch das Gefühl, wirklich etwas geschafft zu haben.

Unterbrechungen durch Störungen

Ein Problem von vielen Menschen sind Unterbrechungen durch Störungen. Das sind die berühmten Zeit-Diebe: Telefonanrufe, Faxschreiben, E-Mails oder unangemeldete Besucher. Die Ursachen liegen oft in uns selbst. Wir unterwerfen uns der Zeitnorm, permanent verfügbar zu sein. Ebenso haben wir Angst, etwas zu verpassen, Nein zu sagen oder jemanden zu verprellen. Manchmal stehlen einem diese Zeit-Diebe die Zeit. Manchmal aber auch nicht, denn sie können das Leben und die Arbeit bereichern. Sowohl bei den »Zeit-Dieben« als auch bei Ihnen, wenn Sie sich auf die Störung einlassen, steckt oft ein normales Kommunikationsbedürfnis dahinter.

Wichtig ist, bewusst mit Störungen umzugehen. Das heißt: Wir sollten und dürfen sie bewusst abwehren oder aber auch bewusst zulassen. Entscheidend dafür sollte sein, wie wichtig einem persönlich der Mensch oder die Angelegenheit ist, die einen »stört«. Um Zeiten zu haben, in denen man auf jeden Fall ungestört konzentriert arbeiten kann, empfiehlt es sich, störungsfreie Zeiten zu organisieren: Handy und Telefon aus-, Anrufbeantworter anschalten, das Faxgerät abstellen, gegebenenfalls auch die Klingel. Das kann durchaus Sinn machen, denn eine kurze Ablenkung erfordert eine neue Anlauf- und Einarbeitungszeit für die Fortsetzung einer Aufgabe.

Störungsfreie Zeiten sind auch wichtig, um abschalten und entspannen zu können. Das Wichtigste ist, sich das Recht zuzugestehen, gelegentlich unerreichbar zu sein. Dann fällt es einem einfacher, Anrufer oder Besucher höflich, aber bestimmt wegzuschicken. Wer damit zunächst Schwierigkeiten hat, der möge Termine als Ausreden nehmen. In unserer terminfixierten Gesellschaft werden Termine als Ausreden fast immer akzeptiert. Umgekehrt kann man mit dem Besucher oder Anrufer einen Termin für ein gemeinsames Gespräch vereinbaren.

Immer an Arbeit denken

Einige Menschen denken fast immer an ihre Arbeit, auch in der Freizeit. Dadurch kommen sie nicht richtig zur Ruhe. Dahinter stecken oft ein fehlendes Selbstvertrauen und die Angst, Dinge nicht zu schaffen. Diese Menschen nehmen sich zu viel vor. Übergänge zwischen Arbeit und Freizeit fehlen. Bei einigen, zum Beispiel Freiberuflern, fehlt außerdem oft die räumliche Trennung von Arbeit und Freizeit. Häufig wird die Zeit während der Arbeit verdichtet, Pausen fehlen.

Hier können die Übergänge zwischen einer Arbeit und der nächsten Aufgabe ein wichtiger Ansatzpunkt sein. In diesen Übergängen kann und sollte man sich vom Alten verabschieden, damit das Neue richtig beginnt. Auch die Übergänge zwischen Arbeit und Freizeit lassen sich ritualisieren. Wer zu Hause arbeitet, sollte seinen Arbeitsplatz wenn möglich in einem eigenen Raum haben, um ihn von Orten der Erholung und Entspannung abzutrennen. Eine Reduzierung und Entdichtung der Arbeit kann auch sinnvoll sein, um Gedanken, Ärger oder Frust zu verarbeiten. Stille Stunden und Pausen sind hierbei hilfreich. Sie ermöglichen es, die getane Arbeit zu beurteilen.

Zeiteinteilung

Zeitliche Zerstückelung des Alltags

Immer mehr Menschen haben ein zeitlich zerstückeltes Leben im Alltag. Das liegt voll im Trend zur Rund-um-die-Uhr-Gesellschaft. Durch die allgemeine Flexibilisierung gesellschaftlicher Zeitstrukturen, vor allem durch flexible Arbeitszeiten, verlieren feste Zeitstrukturen, an denen man sich orientieren kann, ihre Verbindlichkeit.

»Menschen brauchen Stabilität und Gewohnheiten im Alltag.«

Manch einer zieht aus dieser zeitlichen Zerstückelung des Alltags eine Selbstbestätigung, die das Gefühl vermittelt, eigentlich immer gebraucht zu werden. Die meisten Menschen brauchen jedoch Stabilitäten, Gewohnheiten, die bei der Orientierung in einem zeitlich zerstückelten Alltag helfen. Solche Gewohnheiten kann man sich selbst schaffen, zum Beispiel durch eine regelmäßige Tätigkeit, die Spaß macht, an einem festen Termin in jeder Woche.

Zerrissene Biografie

Die zeitliche Zerstückelung des Alltags setzt sich immer häufiger in einer fragmentierten Biografie fort. In der vollmobilen Single-Gesellschaft weiß man heute schon nicht mehr, wer, was und wo man morgen sein kann. Die Rollenanforderungen wechseln ständig. Dadurch werden nicht nur bisherige Erfahrungen immer schneller entwertet. Darin liegt auch die Gefahr, gedanklich, gefühlsmäßig und psychisch all diese Veränderungen nicht mehr verarbeiten zu können.

In diesem Fall ist es wichtig, nach Kontinuitäten in der eigenen Biografie zu suchen. Diese Fixpunkte – zum Beispiel die Familie, die Heimat, die Freunde, ein Hobby oder ein Ziel – sollte man sich bewusst machen und sie bewusst leben, das heißt, ihnen Zeit und Aufmerksamkeit widmen. Dazu gehört auch eine ehrliche Auseinandersetzung mit Fragen wie: Wer bin ich? Was bin ich? Wo gehöre ich hin? Wer solche Fixpunkte und Stabilitätspunkte in seinem Leben nicht hat, sollte sie sich aufbauen.

Fehlende Zeitstrukturen

Fehlende Zeitstrukturen sind ein Problem besonders für Gruppen, die aus der Arbeitswelt herausgedrängt worden sind oder ausscheiden. Die Unfähigkeit zur zeitlichen Strukturierung des Alltags betrifft Arbeitslose, die mit Aussichtslosigkeit und Verzweifelung, häufig aber auch mit Strukturlosigkeit, Langeweile und innerer Unruhe kämpfen. Einigen Rentnern erscheint ihre freie Zeit oft als Leere, anderen scheint die Zeit davonzulaufen.

Langeweile und Aktivismus als Legitimation sich selbst und anderen gegenüber haben ähnliche Ursachen: Die meisten Menschen sind es gewohnt, dass andere über ihre Zeiteinteilung bestimmen. Erfahrungen mit Zeitautonomie fehlen vielen. Oft fehlt auch ein Zeitbewusstsein mit Zielen, Plänen oder Wünschen. Außerdem haben wir nie gelernt, selbstbewusst nichts zu tun. Doch freie Zeit ist unsere eigene Lebenszeit. Das gilt ebenso bei Arbeitslosigkeit oder im Ruhestand. Auch Hausfrauen, die im Abseits der Arbeitsgesellschaft arbeiten, geraten oft unter einen subjetiven Legitimationsdruck. Viele Frauen haben das Gefühl, dass sie keine Zeit für sich selbst haben dürfen und beweisen müssen, dass sie etwas tun.

In solchen Fällen muss man sich fragen, was einem wichtig ist. Man kann Pläne machen und sollte dabei Eigenzeiten einplanen. Man muss festlegen, wann Arbeit ist und wann Freizeit. Eine bewusste Trennung in Zeit für Arbeit und Zeit für sich selbst kann die Zeit strukturieren. Dann kann man sich guten Gewissens Eigenzeiten herausnehmen und sich sagen: Jetzt ist meine Zeit, in der ich nichts tun muss, mich entspannen oder Spaß haben darf.

Zeitdruck

Viele geraten unter Zeitdruck und ziehen andere, Kollegen oder Partner, mit hinein. Oft wird die Zeit zur Erledigung einer Aufgabe falsch eingeschätzt. Ebenso können Perfektionismus oder Angst vor Fehlern zu Zeitdruck führen. Gleiches gilt für den Versuch, Zeit zu sparen und mit einer Strategie der letzten Minute möglichst viele Aufgaben vorher zu erledigen. Nicht zu vergessen sind Unwägbarkeiten, besonders bei einer kleinteiligen Zeitplanung. Vielleicht identifiziert man sich nicht mit der Aufgabe, man ist unsicher über die Bewertung der Arbeitsergebnisse durch andere oder will sich und anderen etwas beweisen – nämlich wie schnell man doch ist.

Auch die Angst vor Leer- und Ruhezeiten (und damit die Angst vor sich selbst) kann dazu führen, dass man sich selbst Zeitdruck verschafft. Zeitdruck kann also sehr verschiedene Ursachen haben. Zeitdruck kann gelegentlich sogar auch positiv sein, zum Beispiel um die notwendige Spannung zu erzeugen, damit eine Aufgabe erledigt wird. Wichtig ist eine Balance von Spannung und Entspannung. Kritisch wird es, wenn Zeitstress zum Dauerzustand wird.

Wenn Zeitdruck zur Belastung wird, muss man sich fragen, warum man unter Zeitdruck gerät.

Bei chronischem Perfektionismus sollte man sich fragen, was passiert, wenn man angegriffen wird, oder was es einem ausmacht, wenn die Arbeit nicht die beste ist. Überlegen Sie sich: Wie lange will ich für eine Aufgabe brauchen? Wann will ich fertig sein? Und was gönne ich mir anschließend als Belohnung? Selbstbelohnung ist auch ein geeignetes Mittel, wenn man Aufgaben dauernd vor sich herschiebt. Vielleicht hat man ja einfach keine Lust zu einer Aufgabe. Dann sollte man sich diese Unlust bewusst machen – und zulassen. Schließlich sollte man auf Erfahrungen aufbauen und sich selbst vertrauen, dass man in einer bestimmten Zeitdauer das Pensum schaffen kann. Wenn Sie Probleme mit der Zeiteinschätzung haben, dann können Sie verschiedene typische Aufgaben auflisten und notieren, wie lange Sie erfahrungsgemäß dafür brauchen. Bei einer sehr kleinteiligen Zeitplanung sollte man sich fragen: Warum wird die Zeit so kleinteilig geplant? Würde weniger Planung auch ausreichen? Planen Sie Freiräume und mehr Zeit für die einzelnen Tätigkeiten oder Termine ein.

Unplanbarkeit der Zeit

In bestimmten Situationen, Lebensphasen oder beruflichen Rollen (zum Beispiel Selbstständige) ist der Tagesablauf oft nur schwer vorhersehbar. Unkonzentriertheit und das Ausweichen vor Aufgaben sind eine mögliche Folge. Auch das häufige Springen von einer zur nächsten Aufgabe resultiert aus der objektiven Anforderungssituation.

Dann kann es hilfreich sein, sich darüber klar zu werden, wann und warum man vor Aufgaben ausweicht oder von einer zur nächsten springt. Dann kann man sich bewusst dafür entscheiden, entweder eine Aufgabe zu Ende zu bringen oder ihr auszuweichen (und sich das Recht darauf zugestehen, damit man zusätzlich nicht auch noch unzufrieden mit sich selbst ist). Um die eigene Zeiteinteilung berechenbarer zu machen, sollte man Unwägbarkeiten reduzieren, indem man sich feste Grundstrukturen neben frei disponierbaren Zeiten schafft. Dazu können Kommunikationszeiten gehören, in denen man für Besucher und Anrufer erreichbar ist. Umgekehrt kann die Erreichbarkeit zeitweise eingestellt oder eingeschränkt werden.

Mediennutzung

Permanente Erreichbarkeit

Viele Menschen glauben, immer erreichbar sein zu müssen. Dabei jagen sie dem Ideal der pausenlosen Rund-um-die-Uhr-Gesellschaft hinterher. Flexibilität und permanente Verfügbarkeit spielen als neue Zeitnormen eine zentrale Rolle. Soziale Erreichbarkeits- und Anschlusszwänge werden in der Nonstop-Gesellschaft besonders durch moderne Informations- und Kommunikationstechnologien im Alltag wirksam.

Während man sich solchen Zwängen beruflich oft nur schwer entziehen kann, hat man zumindest im Privatleben die Möglichkeit, sich unerreichbare Freiräume einzurichten. Fragen Sie sich, was passiert, wenn Sie etwas nicht erfahren. Haben Sie den Mut, etwas zu verpassen. Schalten sie gelegentlich Ihr Telefon, Handy oder Fax aus. Und bedenken Sie dabei: Das Dringende ist selten wichtig.

Zeitstress durch Arbeit am Computer

»Man muss und darf gelegentlich unerreichbar sein.«

Bei dem Versuch, mit der Geschwindigkeit des Computers mitzuhalten, entsteht leicht Zeitstress. Das Gefühl von Zeitdruck wird durch den permanenten Aufforderungscharakter des Bildschirms erzeugt. Das Blinken des Cursors ist ein ununterbrochenes Signal zum Weiterarbeiten. Hintergrund ist die technologische Beschleunigung, die ihren Höhepunkt im PC gefunden hat.

Dieses grundsätzliche Problem lässt sich natürlich nicht lösen, solange man am Computer arbeiten muss oder will. Aber man kann die Arbeitszeit am Computer beschränken. Eine Strategie ist, den Computer auszuschalten, wenn nicht an ihm gearbeitet wird. Alternativ sollte man sich so hinsetzen, dass man den Computer nicht sieht. Die Arbeitsplatzgestaltung liefert viele Ansatzpunkte, um optische Ruhe und mehr Gelassenheit zu schaffen.

Zeitfresser Radio und Fernsehen

Mit den Unterhaltungsmedien Radio und Fernsehen (und zunehmend dem Internet) verbringen viele Menschen einen großen Teil ihrer Zeit. Für manche werden sie zu Zeitfressern. Radio und Fernsehen sind ein tragender Teil der pausenlosen Rund-um-die-Uhr-Gesellschaft. Das Zeitbudget für ihre Nutzung ist in den letzten Jahrzehnten vervielfacht worden. Dazu hat besonders auch das Angebot der privaten Rundfunkanbieter seit den 80er-Jahren beigetragen und die durchgehende Ausstrahlung von Sendungen nach Abschaffung des Sendeschlusses.

Die Motive für die Mediennutzung sind unterschiedlich. Es ist nicht nur das Unterhaltungs- und Informationsbedürfnis. Es ist auch die Angst for Ruhe, die Angst, etwas zu verpassen, und der Versuch, Zeit zu verdichten durch Paralleltätigkeiten während der Radio- und Fernsehnutzung. Immer mehr werden Tätigkeiten wie Bügeln, Lesen, Abwaschen, Putzen u.a. bei laufendem Radio oder Fernsehen erledigt. Das Fernsehen selbst wird durch Phänomene wie das Hängenbleiben und Switchen zum Zeitfresser.

In dieser eigentlich interesselosen und nicht bewussten Mediennutzung mit Zeitverdichtung liegt eine Gefahr: Die innere Unruhe steigt. Reizüberflutung, Informationsschwemme bis hin zum Wahrnehmungskollaps können die Kapazitäten der Menschen überfordern, das Gesehene und gehörte auch zu verarbeiten. Um das zu verhindern, sollte man sich zunächst vergegenwärtigen, warum und wie man welche Medien nutzt. Schreiben Sie auf, welche Sendungen im Fernsehen und Radio Sie einerseits wirklich interessieren und andererseits, welche Sendungen im Radio und Fernsehen, die Sie hören oder sehen, Sie eigentlich nicht interessieren. Überlegen Sie, warum Sie sie trotzdem nebenbei laufen lassen. Dann kann man bewusst Fernsehen gucken, das heißt: Hinschauen. Und bewusst Radio hören, also: Hinhören. Das bedeutet umgekehrt: Ausschalten, wenn eine Sendung zu Ende ist, die einen interessiert. Schalten Sie Radio und Fernseher aus, wenn Sie nicht hinhören oder -schauen. Schalten Sie nur ein, wenn Sie gezielt etwas hören oder sehen wollen.

Zukunfts- und Vergangenheitsorientierung

Vergangenheitsorientierung

Viele Menschen hängen sehr stark in Gedanken ihren Erinnerungen nach. Diese Erinnerungen sind wichtig. Aber ein zu starkes Leben in der Vergangenheit verhindert, im Hier und Jetzt zu leben. Zukunftsangst ist eine mögliche Ursache dafür oder Unzufriedenheit mit dem gegenwärtigen Leben. Oft sind auch wichtige Dinge aus der Vergangenheit nicht abgeschlossen. Da die Gegenwart die einzige Zeit ist, in der wir tatsächlich leben, sollte man sich darum bemühen, bewusst im Hier und Jetzt zu leben.

Sammeln

Viele Menschen sind Sammler und können Dinge nicht wegwerfen. Die Angst, etwas mal nicht zu wissen, aber auch der Versuch, die steigende Informationsflut zu bewältigen, führen dazu, dass sich vieles ansammelt. Häufig glaubt man, etwas zu brauchen, nur weil es existiert. Auch Erinnerungsstücke aus der Vergangenheit werden oft wahllos gesammelt, wenn Dinge nicht abgeschlossen worden sind. Oder man hängt an ihnen und umgibt sich damit, weil man eigentlich Angst vor der Zukunft hat. Man hortet und sammelt, ohne es zu lesen oder zu benutzen etc. Beim gelegentlichen Durchsehen der Dinge bleibt man hängen. Die Sachen werden hin- und hergeräumt. Wenn man sie wirklich braucht, dann sucht man meistens lange und manchmal vergebens.

Durch ihre Präsenz mahnen die Dinge zur Arbeit oder Auseinandersetzung mit ihnen und erzeugen ein schlechtes Gewissen. Meistens braucht man sie jedoch nicht wirklich. Und wenn doch? Überlegen Sie, was passiert, wenn das Weggeworfene später gebraucht wird. Vieles lässt sich wieder beschaffen. Trennen Sie sich von Dingen, die Sie nicht brauchen. Sortieren Sie aus, schließen Sie etwas ab. Schließen Sie die Vergangenheit ab. Entwickeln Sie Mut zum Papierkorb. Das schließt überhaupt nicht aus, Erinnerungsstücke bewusst zu behalten, die einem persönlich wichtig sind. Wenn man mit jemandem zusammen ausmistet, dann reduziert sich die Gefahr des Hängenbleibens beim Aussortieren.

Innere Unruhe wegen nicht erledigter Dinge

Während das Sammeln mit Vergangenheitsorientierung zu tun hat, ist innere Unruhe wegen des noch nicht Erledigten eine Folge unserer Zukunftsorientierung. Die Ursachen dafür sind oft fehlendes Selbstvertrauen, die Angst, Dinge nicht zu schaffen, und eine zu lange Liste von Aufgaben, die man sich vorgenommen hat. Betroffene vergessen schnell, was sie schon geschafft haben, und denken nur an das noch nicht Erledigte. Das kann leicht ein Gefühl von Überforderung hervorrufen.

Man sollte sich bewusst machen, was man schon alles geschafft hat. Bei dem noch nicht Erledigten sollte man sich fragen, wie wichtig einem die einzelnen Dinge sind. Man darf auch Vorgenommenes streichen. Geben Sie den Dingen oder Aufgaben ihre Zeit. Legen Sie fest, wann Sie sie erledigen. Und machen Sie sich erst dann wieder Gedanken darüber.

Zukunftsorientierung

Viele laufen ihren Zielen hinterher wie der Esel der Karotte. Ziele sind ebenso wichtig wie Erinnerungen. Aber der Weg dahin darf nicht vergessen werden. Eine zu starke Ausrichtung des Lebens und der Arbeit auf die Ziele in der Zukunft verhindert, dass wir in der Gegenwart leben. Zukunftsorientierung ist das herrschende Zeitverständnis der Moderne. Diese Zukunftsorientierung kann aber zu innerer Unruhe führen – ein Charakteristikum zeitgestresster Menschen. Alles Tun wird auf die Zukunft ausgerichtet. Aktivismus wird zum Selbstzweck. Dann sollte man sich bewusst machen: Ziele sind zwar wichtig für den Lebenssinn. Und Hoffnung bewahrt vor Resignation. Aber die Ungewissheit der Zukunft kann auch viele Ziele zunichte machen, egal wie sehr man sich bemüht. Die Zukunft ist ein ungewisses und unsicheres Terrain. Deshalb sollte man versuchen, auch im Hier und Jetzt bewusst zu leben.

»Erinnerungen und Ziele sind wichtig. Dabei darf aber das Leben in der Gegenwart nicht auf der Strecke bleiben.«

Leben im Hier und Jetzt

Letzteres ist leicht gesagt. Aber: Wie kann man im Hier und Jetzt leben? Wir haben doch nie gelernt zu leben, und das heißt immer: *jetzt* zu leben. Der Sinnbezug zum Leben und damit zur Gegenwart fehlt meistens und wird, wenn überhaupt, nur vermittelt über Ziele in der Zukunft oder Erinnerungen hergestellt. Deshalb ist das Leben im Hier und Jetzt vielleicht der schwierigste Aspekt eines anderen, bewussten Umgangs mit Zeit. Ein Leben im Hier und Jetzt erfordert Gelassenheit und Zufriedenheit, Selbstbewusstsein und ein gutes Gewissen, Distanz und Offenheit. Diese Voraussetzungen können jedoch eigentlich erst am Ende eines Veränderungsprozesses stehen. Und sicher wird es einem selbst dann nie völlig gelingen, im Hier und Jetzt zu leben.

Das bedeutet nicht, dass man es nicht versuchen sollte. Es sind viele, auch kleine Schritte denkbar, die es ermöglichen, die Gegenwart bewusst wahrzunehmen und zu erleben. Dazu gehört, die Vergangenheit abzuschließen. Man kann einen Streit beenden, jemandem verzeihen oder sich entschuldigen. Rituale können dabei helfen (aber sie müssen Ihnen angemessen sein; deshalb sind die folgenden Beispiele nur Ideen): Verbrennen Sie ein Studienbuch nach Abschluss des Studiums. Versenken Sie die Liebesbriefe Ihrer Ex-Frau in einem See. Feiern Sie Ihren Ausstand, wenn Sie Ihren Arbeitgeber verlassen. Die Vergangenheit abzuschließen bedeutet auch: Akzeptieren, was war, und nicht, die Erlebnisse und Ereignisse der Vergangenheit zu vergessen oder zu verdrängen. Man muss Nöte bejahen, Trauer und Kummer zulassen.

Auch in der Gegenwart gibt es Möglichkeiten und Gelegenheiten, Momente des Hier und Jetzt zu würdigen, indem Tätigkeiten zelebriert werden. Konzentrieren Sie sich auf das, was Sie gerade tun und tun, Sie es bewusst, auch Kleinigkeiten: Essen und Trinken, Musik hören und Kunst betrachten, Abwaschen und Bügeln, eine Zigarette anzünden und rauchen, beim Gehen auf die eigene Bewegung achten. Dabei kann es helfen, sich laut vorzusagen, was man gerade tut. Auch das bewusste Zelebrieren von Anfang und Ende einer Tätigkeit unterstützt die Konzentration auf die Gegenwart.

Ein bewusstes Leben in der Gegenwart kann es auch erfordern, gelegentlich aus dem bewusstlosen Strom der Zeit herauszutreten, Distanz einzunehmen zum Trubel und einer auf die Zukunft ausgerichteten Hektik. Hier können Rituale ebenfalls ein Ansatzpunkt sein: ein tägliches Gebet, ein Gedicht oder ein selbst erdachtes Ritual. Man kann gelegentlich zeitlose Orte aufsuchen, zum Beispiel einen Wald oder einfach die eigene Badewanne. Wenn Sie vor dem Aussteigen einige Momente länger im Auto sitzen bleiben oder sich im Trubel der Stadt einige Minuten auf eine Bank setzen, dann können dies erste Erfolgserlebnisse sein bei dem Versuch, im Hier und Jetzt zu leben. Im nächsten Schritt können Sie sich Stopping angewöhnen, das bewusste Innehalten im Alltag, um durchzuatmen, zu sich zu kommen, die Gedanken schweifen zu lassen, sich zu vergewissern, wer man ist und was man will. Sie können dafür die Rotphase an der Ampel nutzen, die Wartezeit an der Bushaltestelle, die Fahrt mit dem Zug oder die Zeit im Flugzeug.

Eine andere Art, nur die Gegenwart zu erleben, können Erlebnisse oder Tätigkeiten sein, bei denen das Bewusstsein von der Situation voll beansprucht und der Kopf ausgeschaltet wird. Erinnerungen aus der Vergangenheit und Ziele in der Zukunft werden ganz automatisch abgeschaltet. Spiele sind eine gute Möglichkeit dafür. Ihr Wesen ist eine innere Unendlichkeit. Das Sich-Verlieren in der Zeit ist ein Merkmal spielspezifischer Zeitstrukturen. Man kann den dem Menschen innewohnenden Spieltrieb auch interpretieren als Drang, sich in der Zeit zu verlieren.

Umgang mit Terminen

Chronische Unpünktlichkeit

Einige Menschen kommen grundsätzlich zu spät. Nicht immer lässt es sich auf das akademische Viertel schieben, besonders wenn jemand gar kein Akademiker ist. Dahinter kann ein fehlendes Selbstbewusstsein stecken: die Angst vor dem Zu-früh-Kommen, vor dem Abgelehnt-Werden. Auch wenn man sich dauernd zu viel vornimmt, kann chronische Unpünktlichkeit die fast schon notwendige Folge sein. Das gilt ebenso für den zeitökonomischen Versuch, die Zeit vor einem Termin immer extensiv zu nutzen und dadurch in Zeitdruck zu geraten. Aber auch das genaue Gegenteil, nämlich eine große Gelassenheit und ein starkes Selbstbewusstsein, kann ein möglicher Grund dafür sein, wenn man dauernd unpünktlich ist.

In der Beziehung zu Institutionen (wie dem Arbeitgeber) oder anderen Menschen ist dieses Phänomen überhaupt zunächst einmal nur deshalb ein Problem, weil Pünktlichkeit als gesellschaftliche Zeitnorm gilt, erwartet und sanktioniert wird. Der Maßstab sollte für die Betroffenen ein anderer sein, nämlich sie selbst. Entscheidend ist, wie es ihnen damit geht, wenn sie dauernd zu spät kommen. Wenn es ihnen nichts ausmacht (und mögliche Folgen auch nicht), dann besteht kein Anlass, etwas zu verändern. Wenn jemand gar keinen Wert darauf legt, pünktlich zu sein, warum sollte er sich dazu zwingen?

Wenn jemand dadurch jedoch ständig innerlich unruhig wird, sich gehetzt fühlt, ein schlechtes Gewissen kriegt oder sich permanent mit Angst vor Sanktionen quält, dann sollte man etwas ändern. Das beginnt mit Fragen: Was macht es unangenehm, pünktlich zu sein? Was passiert, wenn man pünktlich oder zu früh da ist? Dann folgt die Tat: Zwingen Sie sich, bei dem nächsten Termin zehn Minuten vorher da zu sein, und halten Sie das Gefühl aus. Beobachten Sie sich, wie Sie sich dabei fühlen.

Chronische Überpünktlichkeit

Das Gegenteil ist, unschwer zu erraten, chronische Überpünktlichkeit. Auch dies ist überhaupt nur ein Problem wegen der Zeitnorm Pünktlichkeit und dem Zwang, Zeit zu nutzen. Wer immer zehn Minuten zu früh ist, der muss warten und kann die Zeit meistens nicht effektiv nutzen. Das ist zwar höflich, aber dumm, denn wer zu früh ist, der kann nicht wichtig sein. Unpünktlichkeit kann auch ein Statussymbol sein. Wer stets zu früh kommt, dem fehlt vielleicht das Selbstbewusstsein. Oder er hat Angst vor Sanktionen für den Fall, dass er zu spät käme.

Wem es nichts ausmacht oder sogar besser damit geht, immer zu früh statt pünktlich oder zu spät zu sein, der sollte es weiterhin so handhaben. Wem das jedoch unangenehm ist, der sollte sich bewusst machen, wie er sich mental auf Termine zubewegt. Die Frage ist: Was macht es einem selbst so unangenehm, unpünktlich zu sein? Und was passiert, wenn man einmal pünktlich ist oder zu spät ankommt. Dann sollte man es ausprobieren, bei dem nächstem Termin einmal bewusst fünf Minuten zu spät kommen, das Gefühl aushalten und sich beobachten, wie es einem dabei ergeht.

Warten

Wir müssen nicht immer zu früh sein und trotzdem müssen wir häufig warten, zum Beispiel wenn der andere, mit dem wir uns verabredet haben, sich verspätet. Aber es gibt auch viele andere Wartesituationen: an der Bushaltestelle, beim Arzt, an der Ampel oder an der Kasse im Supermarkt. Wir verbringen viel Zeit mit Warten. Häufig kommt beim Warten Ärger auf, besonders wenn wir auf jemanden warten. Das ist wiederum ebenfalls vor allem deshalb ein Problem, weil Pünktlichkeit als gesellschaftliche Zeitnorm gilt und wir sie auch als Erwartung an andere haben.

Auf jemanden warten müssen kann einem das Gefühl vermitteln, unwichtig zu sein. Oder man gerät unter Zeitdruck wegen des nächsten Termins, zu dem man eilen will, weil man zu viel Zeit verplant hat. Ein anderer Grund, warum wir Warten als unangenehm empfinden, ist die Tatsache, dass wir meistens nie gelernt haben, nichts zu tun. Nichtstun ist verpönt in unserer Gesellschaft. Und Warten wird als ein erzwungener Handlungsverzicht gewertet. Wir haben das Warten nie gelernt. Es gibt keine Kultur des Wartens bei uns.

»Warten ist eine Kunst. Werden Sie Künstler!«

Ungeduld und Nicht-warten-Können sind keine Tugenden. Aber Warten ist eine Kunst. Wenn wir warten müssen, dann ist Ärger oder Aufregung ein schlechter Ratgeber. Kommt der andere absichtlich zu spät, dann hat er Erfolg, wenn man sich ärgert. Wenn der andere aber unabsichtlich zu spät kommt und ähnlich disponiert ist wie wir, dann hat er selber bereits Stress und ein schlechtes Gewissen. Unser eigener Ärger verschärft dann die Atmosphäre und schafft Aggressivität. Deshalb sollten wir uns bewusst machen: Warten ist nicht nur ein Handlungsverzicht, sondern zum Beispiel notwendig, um den richtigen Zeitpunkt für etwas abzuwarten. Man kann Warten auch als geschenkte Zeit für Besinnung sehen. Warten kann man zelebrieren: mit Entspannen, Träumen, Nachdenken, Ausspannen und Beobachten. Kurzum: Wir sollten nicht immer darauf warten, bis wir warten dürfen, sondern gelegentlich bewusst Situationen dafür suchen, zum Beispiel frühzeitig zur Bushaltestelle gehen, um noch einige Minuten zu verweilen, nachzudenken und zu träumen.

Zeit für sich und persönlich wichtige Dinge

Keine Zeit für sich selbst und persönlich wichtige Dinge

Bei ständiger Zeitnot und unter Termindruck bleiben besonders die Dinge und Aufgaben auf der Strecke, die nicht termingebunden sind. Das ist Zeit, die man für sich selbst hat und für Dinge, die einem persönlich wichtig sind (wie Kinder, Familie und Freunde). Die Ursachen liegen auf der Hand: Man nimmt sich zu viel vor. Häufig nimmt Erwerbsarbeit in einer solchen Lebensführung die dominante Stellung ein. Aus Angst vor Nachteilen im Beruf und aus Leistungsorientierung arbeitet man lieber länger und verzichtet dafür auf Eigenzeit. Oft sind es auch noch weitere zusätzliche Verpflichtungen (zum Beispiel im Verein), die die freie Zeit auffressen.

Um sich dauerhaft die Zeit zu nehmen, die man für sich und persönlich wichtige Dinge haben will, muss man das Selbstbewusstsein entwickeln, bei anderen Beanspruchungen Nein zu sagen. Das geht nicht immer und sicher nicht sofort. Übergangsweise können einige Krücken helfen. Bei Aufgaben, die nicht termingebunden sind, kann es helfen, sie künstlich zu befristen. Setzen Sie sich eben selbst eine Frist, bis wann der Käfig für das Meerschweinchen der Tochter repariert sein soll. Um Zeit für sich selbst und persönlich wichtige Dinge zu haben, kann man vorgetäuschte Termine als Ausreden nutzen. Und man kann, um sich selbst die Zeit einzugestehen, einen Termin mit sich selbst vereinbaren – den man dann auch einhalten sollte. Schließlich kann man gelegentlich Zeiträume von einem oder mehreren Tagen freihalten, sie nicht verplanen, sondern auf sich zukommen lassen und nur das tun, was man will.

Bei einer dauerhaften Überlastung kommt man nicht umhin, seine eigenen Rollen, Ziele, Projekte und Verpflichtungen zu reduzieren. Dazu müssen alle Verpflichtungen (selbst)kritisch überprüft werden – nach den eigenen, Maßstäben und nicht nach den Erwartungen anderer. Dann kann man neue, Ziele formulieren, die einem selbst entsprechen. Dabei hilft es, sich zu vergegenwärtigen, wie wichtig einem die Eigenzeiten sind.

Angst vor dem Alleinsein

Oft sind es nicht nur Anforderungen von außen, die einem die Zeit für sich selbst stehlen. Viele Menschen haben selber Angst vor Eigenzeiten, Angst vor dem Alleinsein und Zusichkommen. Viele wissen auch nicht, wie man das

Zusichkommen schaffen soll. Zum einen liegt das daran, dass Zeitnutzung als gesellschaftliche Zeitnorm verinnerlicht ist. Nichtstun ist verpönt. Zum anderen haben viele Menschen Angst vor den Gefühlen, die in ihnen hochkommen könnten, wenn sie allein sind und Zeit für sich selbst haben. Sie haben Angst, was eigentlich in ihnen ist, wenn sie zu sich kommen.

Der Grund kann darin liegen, dass dahinter eine noch nicht erledigte Vergangenheit lauert, dass Beziehungen und Gefühle nicht abgeschlossen wurden. Oft spüren die Menschen auch, dass Ihnen der Sinn in ihrem Leben fehlt. Sie wissen nicht, was eigene Bedürfnisse und Interessen sind. Viele haben Angst vor dem Gefühl, etwas zu verpassen, wenn sie alleine sind.

Dann muss man sich fragen, was die Angst vor dem Alleinsein auslöst. Man sollte sich bewusst machen: Hektik ist die Flucht vor sich selbst. Auch Vergangenes sollte man sich bewusst machen, akzeptieren und abschließen: unerledigte Dinge, Beziehungen und Gefühle. Daran schließt sich die Frage an, was – heute – die eigenen Bedürfnisse und Interessen sind und was einem wichtig ist. Oft liegt die Antwort gar nicht weit. Und man kann einiges einfach ausprobieren, um es herauszufinden. Vorschläge sind viele denkbar: mit dem Fahrrad in die Natur fahren, sich in ein Café setzen und andere Menschen beobachten, in die Sauna gehen, im Kino einen Film ansehen, zu Hause ein heißes Bad nehmen, Musik hören oder ein schönes Buch lesen.

»Ohne Zeit für sich selbst verpassen Sie das Wichtigste: sich selbst.«

Langeweile

Zum Alleinsein muss man sich gelegentlich überwinden. Wenn man Langeweile hat, hat man sich immerhin schon dazu überwunden. Doch dann kommt dieses Gefühl der Langeweile, eine Lust- und Interesselosigkeit, oft verbunden mit einer inneren ungeduldige Leere und nicht selten mit dem Gefühl von Erschöpfung. Kennzeichnend für Langeweile ist, dass man nicht weiß, was man mit sich selbst anfangen soll. Das ist zunächst überhaupt nur ein Problem, weil Nichtstun als Frevel gilt und weil man seine Zeit nicht verschwenden soll, zumindest nicht mit Nichtstun. Unser verinnerlichter Aktivitätsdrang produziert dann ein schlechtes Gewissen.

Wenn wir nicht wissen, was wir mit uns anfangen sollen, dann hat das damit zu tun, dass wir nicht wissen, was unsere eigenen Bedürfnisse und Interessen sind. Wir haben uns daran gewöhnt, dass andere uns sagen, was wir wann wie tun sollen. Irgendwann haben wir diese Erwartungen so weit verinnerlicht, dass uns niemand mehr etwas vorschreiben muss. Wir fangen dann von selber an, die Wohnung zu putzen oder aufzuräumen. Außerdem erwarten wir mit unserem linearen Zeitverständnis, dass immer etwas Neues passiert. Schließlich geht es immer weiter, vorwärts. Wenn der Fernseher kaputt ist oder niemand anruft, dann werden wir innerlich unruhig.

In diesem Fall kommt man um die ebenso einfache wie schwierige Frage nicht herum: Was macht mir Spaß? Was ist mir persönlich wichtig? Wenn man die Antwort weiß, dann muss man sich klarmachen, dass man das Recht hat (und das Bedürfnis haben darf), auch einmal nichts zweckgerichtet zu tun. Wofür sonst leben wir? Wir dürfen und sollten gelegentlich gezielt Dinge tun, die einfach nur Spaß machen oder Befriedigung verschaffen, ohne einen konkreten Nutzen zu haben: ein Besuch im Café, im Kino, in der Kneipe, das Genießen eines Buches oder von Musik. Wir müssen lernen und uns das Recht eingestehen, uns mit uns selbst zu beschäftigen – ohne Ziel oder Zweck, nur für uns selbst, weil wir Lust dazu haben. Wem gar nichts einfällt, der möge eine kleine Übung bei Langeweile ausprobieren: Nehmen Sie ein Blatt Papier und schreiben Sie drei Minuten lang alle Wörter unzusammenhängend auf, die Ihnen in den Sinn kommen. Anschließend schreiben Sie eine Geschichte aus den Wörtern. Dabei können Dinge aus dem Unterbewusstsein hervorkommen. Sie lernen sich neu kennen.

Körperliche und psychische Symptome

Innere und äußere Warnsignale

Gravierend sind Zeitprobleme, wenn der Körper Warnsignale aussendet. Stresssymptome sind: Kopf- und Rückenschmerzen, innere Unruhe, Nervosität, Gereiztheit, Schlafstörungen, Magen-Darm-Probleme, Herz-Kreislauf-Probleme. In diesen Fällen haben die Betroffenen ihre eigenen Grenzen meistens bereits überschritten. Die Ursachen für diese Probleme liegen häufig in objektiven Belastungen, einem zeitökonomischen Lebensstil, einer zu starken Zukunftsorientierung oder Fremd- und Selbstzwängen.

»Lassen Sie Warnsignale zu!«

Lassen Sie die Warnsignale zu. Ignorieren oder Unterdrücken ist falsch. Man darf und muss sich und seine Probleme ernst und wichtig nehmen. Dann kann man sich fragen, welche Ursachen der Zeitstress im Einzelnen hat. Ist es zu starke Zukunftsorientierung? Welchen fremden Zwängen bin ich ausgesetzt? Welche Zwänge liegen in mir selbst, welche Zeitnormen habe ich verinnerlicht? Machen Sie sich Ihre psychischen und physischen Grenzen bewusst – und stehen Sie dazu. Nur dann können Sie Belastungen reduzieren und die Ursachen der Zeitprobleme abbauen.

Gesundheitsschädigendes Verhalten bei Zeitstress

Einige Menschen versuchen, Ihre Zeitprobleme durch gesundheitsschädigendes Verhalten aufzufangen oder gar zu »lösen«. Sie kompensieren ihren Zeitstress mit Rauchen oder Alkohol. Sie nehmen chemische Aufputsch- und Beruhigungsmittel, um ihren Körper und Geist an die zeitlichen Belastungen anzupassen (statt umgekehrt). Auch falsche und zu schnelle Ernährung ist ein Versuch, die Zeitnot zu bewältigen. Natürlich ist Zeitstress nicht immer der Grund für diese Formen gesundheitsschädigenden Verhaltens. Doch häufig ist der Hintergrund die Unterordnung unter Ziele und Zeitzwänge, die den körperlichen und seelischen Bedürfnissen widersprechen.

Oft wird dieses Verhalten bagatellisiert. Darum kann der erste Schritt nur sein, das eigene gesundheitsschädigende Verhalten zu erkennen und einzugestehen. Anschließend sollte man sich fragen, warum, wann und in welchen Situationen man raucht, Alkohol trinkt oder Aufputsch- bzw. Beruhigungsmittel nimmt. Wenn Sie eine Vorstellung von den Ursachen haben, können Sie Belastungsfaktoren abbauen und Alternativen überlegen. Sie können sich auch vorübergehend für ein bestimmtes Kompensationsverhalten entscheiden, wenn Sie bewusst eine Entlastungsstrategie wählen, weil Sie zum Beispiel die Absicht, mit dem Rauchen aufzuhören, stärker unter Druck setzt als der Zeitstress als Auslöser des Verhaltens.

Verhalten gegenüber anderen und sich selbst

Durchsetzung von Eigenzeiten gegen andere

Jetzt heißt es, die vielen guten Vorsätze auch in die Tat umzusetzen. Das ist schwierig: Denn der Wille ist stark, doch das Fleisch ist schwach. Und wenn uns unser Umgang mit Zeit in Fleisch und Blut übergegangen ist, dann fällt es nicht nur schwer, Gewohnheiten zu ändern und den inneren Schweinehund zu überwinden. Es fällt auch schwer, sich selbst Eigenzeiten zuzugestehen und diese dann auch noch gegenüber anderen durchzusetzen, wenn man sich an der einen oder anderen Stelle zurücknehmen will, um Zeit für sich zu haben.

Die Anforderungen von anderen sind allgegenwärtig: Der Chef macht Druck, die Kollegen erwarten das gleiche Engagement, wie sie es selbst demonstrieren. Häufig fehlt einem das Selbstbewusstsein, seine Interessen durchzusetzen, weil man sie selbst nicht für wichtig hält. Man versucht, ein bestimmtes Bild von sich als fleißig und jederzeit verfügbar nach außen zu vermitteln. Die Angst, jemanden zu verprellen, und die Angst, dass einem Faulheit oder Desinteresse unterstellt werden, lassen uns zurückschrecken.

Dann muss man sich klarmachen, was man will und was einem persönlich wichtig ist. Wenn man weiß, was man will, dann transportiert sich diese Botschaft zu einem großen Teil ohne Worte. Wenn man mit sich selbst einig ist und mit dieser Einstellung echt und wahrhaft anderen gegenübertritt, dann wird man auch von den anderen eher respektiert. Kommunikation läuft häufig unbewusst ab. Auch die Einstellung, im Hier und Jetzt zu leben und Eigenzeiten zu beanspruchen, wird überwiegend ohne Worte kommuniziert. Gelegentlich muss man aber deutlich seine Interessen aussprechen. Es empfiehlt sich hier, höflich aber bestimmt die eigenen Interessen zu vertreten und standhaft zu bleiben.

»Jeder hat das Recht, Zeit für sich zu beanspruchen.«

Nicht-Nein-sagen-Können

Auch die Unfähigkeit, bestimmte Anforderungen abzulehnen, hat mit fehlendem Selbstbewusstsein zu tun. Man will für andere funktionieren, aber nicht für sich selbst. Der Entwurf eines perfekten Bildes von sich nach außen schafft gleichsam die Angst, enttarnt zu werden. Denn: nobody is perfect. Doch das wollen wir uns nicht zugestehen. Hinter dem Nicht-Nein-sagen-Können steht die Angst vor dem Vorwurf, man sei faul, und die Angst, abgelehnt zu werden. Auch die Angst, jemanden zu verlieren, verhindert es oft, dass man Nein sagt. Allerdings heißt das, dass man seine eigenen Bedürfnisse nicht wichtig und ernst genug nimmt.

Man kann es sich in einem ersten Schritt einfach machen und andere Termine als Ausreden nutzen, wenn man etwas nicht tun will. Wer nicht Nein sagen kann, aber gerne möchte, der sollte einmal darauf achten, wann bei wem und in welchen Situationen er nicht Nein sagt. Um sich zum Nein-sagen zu ermutigen, hilft es zu fragen, was eigentlich passiert, wenn man Nein sagt. Oft sind die Folgen nicht unerträglich. Dann kann man sich bei einigen Anforderungen auch fragen, wie wichtig es einem ist, dieses für jemanden zu tun. Damit ist eine Grundlage da, auf der man sich auch bewusst dafür entscheiden kann, wenn man will. Vor allem ist es wichtig, sich klarzumachen, dass Nein sagen kein Verbrechen ist. Wir alle dürfen Nein sagen. Bei Telefonaten, Besuchen oder Ähnlichem ist es besser, sich bewusst für oder gegen das Zuhören zu entscheiden und ein Gespräch gegebenenfalls zu vertagen. Ein offenes, ehrliches Nein verletzt in der Regel nicht.

Delegationsunfähigkeit

Teilweise ähnliche, aber auch andere Gründe hat die Unfähigkeit vieler Menschen, Aufgaben zu delegieren. Hier spielt die Leistungsorientierung eine wichtige Rolle, ebenso wie die Angst vor dem Vorwurf, man sei faul und ein Drückeberger. Die Unfähigkeit zu delegieren wird verstärkt, wenn man an einer bestimmten Aufgabe hängt. Konkurrenzangst kann dabei eine Ursache sein: die Angst, Kompetenzen abzugeben und von jemandem, der die Aufgabe übernimmt, verdrängt zu werden. Als Vorgesetzter plagt einen darüber hinaus die Angst, die Kontrolle über einen Arbeitsprozess zu verlieren. Wenn das Vertrauen in die Fähigkeiten anderer Menschen fehlt, dann wird Delegation zusätzlich erschwert.

Delegation bedeutet vor allem Entlastung. Wer Angst vor dem Delegieren hat, sollte sich über die Ursachen für seine Ängste klar werden und fragen: Warum will ich nicht delegieren? Aber auch: Was kann passieren, wenn ich etwas delegiere? Machen Sie sich bewusst: Andere können auch etwas. Ohne Vertrauen geht es nicht. Aber es lohnt sich. Vor allem lohnt es sich, wenn einem die Vorteile durch das Delegieren bewusst werden (nämlich die Entlastung von den eigenen Anforderungen und dem Zeitdruck, dem man ausgesetzt ist), auch wenn dafür die Gefahr von Nachteilen in Kauf zu nehmen ist. An einzelnen, konkreten Aufgaben lässt sich aufzeigen: Man kann, wenn man will, sehr viel delegieren, nicht nur beruflich, sondern übrigens auch privat.

Die Umsetzung

Der Sportwagen ist verschrottet, der neue Kleinwagen bezahlt und bepackt. Auch getankt ist. Die Mitfahrer sind ausgewählt. Die Route ist auf der Karte eingezeichnet. Die Reise kann losgehen. Die Fahrt wird anstrengend. Wir sind nicht mehr auf der Autobahn. Wir fahren Feldwege. Ab und zu nehmen wir eine Abkürzung – und landen in der Sackgasse. Nicht jede Ampel ist grün, kleine Staus sind unvermeidlich. Wir versuchen Umwege. Und nicht jeder Schleichweg bringt uns dem Ziel näher. Einige Strecken können wir nur mit dem Fahrrad bewältigen, manche vielleicht nur zu Fuß.

»Machen Sie bei der Umsetzung gelegentlich Rast und reflektieren Sie den Veränderungsprozess.«

So sind die Wege zum Zeitwohlstand. Wir steigen nicht ein und sind in zwei Stunden da. Vielleicht kommen wir nie an das Ziel. Aber wir nähern uns ihm. Diese Annäherung, die Veränderung unseres Umgangs mit Zeit ist ein Prozess. In diesem Prozess sind wir mit vielen Problemen konfrontiert: das fehlende Durchhaltevermögen, die Unlust, sich zu disziplinieren, lebensgeschichtlich und persönlichkeitsbedingte Widerstände, Vermeidungen, Ängste, Gewohnheiten und innere Triebfedern. Wir können sie nicht ignorieren. Also müssen wir sie akzeptieren, uns mit ihnen auseinander setzen und sie als Faktoren bei der Veränderung mit einbeziehen.

Entscheidend ist, den eigenen Weg wach und mit Distanz zu beobachten. Dann kann man aus den Erfahrungen bei der Veränderung des eigenen Umgangs mit Zeit kontinuierlich lernen, Erkenntnisse ziehen und die Richtung immer wieder den eigenen Möglichkeiten und Grenzen gemäß neu bestimmen. Dabei gibt es keine Wenn-Dann-Regeln. Die Konsequenzen müssen Sie selber formulieren. Es ist Ihr Weg zum Zeitwohlstand – und Ihre Zeit.

Die folgenden Fragen sollen Ihnen Anhaltspunkte geben, um Ihren Veränderungsprozess kontinuierlich zu begleiten. Nehmen Sie sich die Fragen zur Reflexion immer mal wieder ehrlich und selbstkritisch vor:

❖ Was ist bereits ausprobiert worden?
❖ Wie reagiert das Umfeld (privat – beruflich)?
❖ Welche Ursachen haben die Schwierigkeiten in Ihrem Umfeld?
❖ Wie begegnen Sie Kollegen, Freunden oder der Familie?

❖ Welche eigenen Probleme treten auf? (Hemmungen, Vermeidungen, Ängste, Widerstände, Gewohnheiten)
❖ Was sind Ihre persönlichen Hintergründe dafür?
❖ Sind Ihre Ziele richtig? Oder müssen sie neu formuliert werden?
❖ Welche neuen Lösungsansätze sind nötig und denkbar?

Bedenken Sie dabei immer wieder: Veränderung bedeutet, wirklich etwas ändern zu wollen und dann auch zu ändern. Die Umsetzung ist ein Prozess, der nicht von heute auf morgen abgeschlossen ist. Rückschläge sind dabei völlig normal. Halten Sie für sich als positiv fest, was erreicht wurde. Haben Sie Geduld mit sich selbst und machen Sie sich Mut, die angestrebten Veränderungen beizubehalten, denn es geht um Ihre Zeit. Respektieren Sie aber auch Ihre eigenen Möglichkeiten und Grenzen, anstatt sich mit neuen Zielen unter Druck zu setzen.

Nach einer gewissen Zeit (z.B. einem halben Jahr) sollten Sie Ihre Ziele und Strategien noch einmal auf den Prüfstand stellen. Vergleichen Sie die ursprünglichen Ziele mit den inzwischen realisierten Veränderungen:

❖ Was waren Ihre Ziele?
❖ Was haben Sie ausprobiert?
❖ Welche Ziele haben Sie erreicht?
❖ Wie würden Sie Ihren Umgang mit Zeit jetzt beschreiben?
❖ Wo sind Sie noch oder neuerdings unzufrieden?
❖ Wie hat Ihr privates und berufliches Umfeld in den vergangenen Monaten auf Ihre Veränderungen reagiert?
❖ Welche regelmäßigen Schwierigkeiten sind dabei vorgekommen?
❖ Welche typischen Probleme sind bei Ihnen selbst aufgetreten?
❖ Was sind aus Ihrer Sicht die Ursachen dafür?
❖ Waren angesichts der Erfahrungen die ursprünglichen Ziele richtig und realistisch?
❖ Sind neue oder zusätzliche Probleme aufgetaucht (zum Beispiel weil sich Ihre Lebenssituation verändert hat)?
❖ Welche Ziele sind noch zu realisieren?
❖ Welche neuen oder anderen Ziele könnten Sie heute formulieren?
❖ Welche neuen Lösungsstrategien sind entsprechend denkbar?

Nehmen Sie sich Zeit für diese Reflexion. Fahren Sie an die Raststätte und schauen Sie noch einmal in die Karte, wo es langgeht – zu Ihrem Zeitwohlstand.

Einen Augenblick noch

»Ach, du liebe Zeit!« mögen Sie jetzt sagen. Wenn ich mich nach den Regeln und Vorschlägen dieses Buches verhalte, dann bin ich so wie die, vor denen mich meine Eltern immer gewarnt haben: langsam und träge, faul und verträumt. Aber ich soll doch meine Zeit nutzen. Und wenn ich nichts tue, muss ich die Zeit totschlagen. Doch – »Ach, du *liebe* Zeit!« – wenn wir die Zeit lieben, dann dürfen wir sie nicht totschlagen. Und wenn wir sie totschlagen – dann haben wir die Zeit auch nicht sehr lieb gehabt. Nehmen Sie sich also lieber ein bisschen Zeit für Ihre Zeit.

Ich hoffe, dass ich Ihnen einige Anregungen anbieten konnte, wie Sie Ihre Zeit lieb haben können, anstatt sie totzuschlagen. Es lassen sich wahrscheinlich weitere Zeit-Probleme benennen. Nur zu: Benennen Sie sie und überlegen Sie dann, welchen Weg Sie gehen können, um diese Probleme zu lösen.

Machen Sie sich am Schluss noch einmal die wichtigsten Erkenntnisse bewusst. Bedenken Sie als Erstes immer: Zeitnot, Stress, die Unfähigkeit, seine Zeit selbst einzuteilen, oder Langeweile – diese Phänomene haben gesellschaftliche Ursachen. Es ist in erster Linie nicht Ihre persönliche Schuld oder Ihr Versagen, wenn Sie Zeit-Probleme haben. In anderen Kulturen würden die Menschen mit dem Kopf schütteln, wenn wir mit ihnen über unsere Zeit-Probleme redeten. Sie kennen viele dieser Probleme nicht nur nicht. Sie könnten sie auch nicht verstehen.

Trotz der gesellschaftlichen Hintergründe können *wir* jedoch versuchen, unseren Zeit-Problemen individuell entgegenzusteuern. Voraussetzung ist, dass man sensibel wird für das eigene Handeln und infrage stellt, wie und warum man so mit Zeit umgeht. Den eigenen Umgang mit Zeit zu verändern ist zwar schwierig. Dem stehen objektive Zwänge entgegen. Die Regeln der Zeitökonomie haben wir auch in unserer Persönlichkeitsstruktur verinnerlicht. Doch mit dem Wunsch, wirklich etwas verändern zu wollen, stehen wir nicht ohnmächtig vor unseren Zeit-Problemen.

Das darf jedoch nicht heißen, unbedingt alle Zeit-Probleme in den Griff kriegen zu wollen. Dieses Ziel erhöht nur den Druck, wenn es nicht gelingt. Insofern sollte nicht ein perfekter Umgang mit Zeit angestrebt werden, sondern auch und gerade Toleranz für den eigenen Nicht-Perfektionismus. Ohne Respekt vor den eigenen Grenzen, auch bei Veränderungen, können wir keine Zufriedenheit erwarten. Veränderungen unseres Umgangs mit Zeit sind nur als Prozess möglich. Sie können morgen damit anfangen. Aber erwarten Sie nicht, dass ab morgen alles anders wird. Ich übe auch noch.

Viele Menschen kommen weiterhin nicht auf die Idee, ihren Umgang mit Zeit infrage zu stellen. Das ist in Ordnung. Niemand kann sie dazu zwingen. Aber wenn Sie Ihr Verhalten ändern wollen, dann tun Sie es. Sie werden sehen: Sie stehen nicht alleine damit da. Auf einige alternative Zeit- und Lebenskonzepte habe ich in diesem Buch hingewiesen. Mein Eindruck aus vielen Gesprächen und Beobachtungen ist, dass dies nur die Spitze des Eisbergs ist. Es gibt viele »kleine« Zeitpioniere: Menschen, die ihre Zeit im Alltag nicht mehr länger nur der Zeitökonomie und der Fremdbestimmung unterwerfen wollen, die Belastungen reduzieren und neue Formen des Umgangs mit Zeit ausprobieren wollen, wenn auch zunächst nur an einigen Stellen.

Hinter solchen Wünschen stehen Bedürfnisse von Menschen. Oft stehen dem aber auch handfeste Sachzwänge entgegen. Wer einen Kredit für sein Haus abbezahlen muss, der wird bei seiner Bank wenig Verständnis und Entgegenkommen finden, wenn er in Zukunft lieber Teilzeit arbeiten will, um mehr Zeit für sich und seine Familie zu haben. Kompromisse sind nötig, aber gegebenenfalls auch Entscheidungen, Dinge aufzugeben, um etwas anderes zu gewinnen. Das sind schwierige Entscheidungen, die einem niemand abnehmen kann.

In der Gesellschaft sind einander widersprechende Tendenzen erkennbar. Manchmal sind diese Widersprüche auch in ein und derselben Person vereint: der Wunsch nach Anerkennung, Karriere zu machen, viel Geld zu verdienen, sich zu engagieren und aktiv zu sein einerseits, das Bedürfnis nach Ruhe, Sinn, Zufriedenheit und Gelassenheit andererseits. Die Leistungsorientierung hat bei uns eher zu- als abgenommen. Der Druck auch. Mit Arbeit, Arbeit, Arbeit werden Wahlen gewonnen. Mit Freizeit, Freizeit, Freizeit leider nicht.

Das trifft auf einen Resonanzboden, bei dem die Konsumorientierung bleibt und eher noch stärker wird. Eine Generation leistungs- und aufopferungswilliger Nachwuchskräfte kultiviert alte Ideale in neuem Gewand. Sie gehen auf in ihrer Arbeit, sind ehrgeizig (und manchmal nur allzu willig). Oft steckt aber selbst hinter dieser Fassade ein einsamer Mensch, der die Suche nach Sinn aufgegeben hat. Aber nicht weil er ihn gefunden hat. Leise Zweifel nagen weiter. Natürlich ist es immer eine Frage der Freiwilligkeit. Auch dieses Buch will niemandem ein Lebenskonzept aufdrücken.

Auf der anderen Seite ist es mit der Freiwilligkeit schon viel schwieriger. Wer es ablehnt, sein Leben von der Arbeit und den Zwängen der Zeitökonomie überformen zu lassen, der hat Schwierigkeiten, diese Übergriffe abzuwehren, wenn er seine Existenz nicht aufs Spiel setzen will. Der Leistungsdruck in Betrieben nimmt immer stärker zu, »freiwillig« werden Überstunden geleistet, häufig ohne finanzielle Zulagen und schon gar nicht mit Freizeitausgleich. Ich kenne zwar keine einzige Untersuchung, in der eine Mehrheit der Befragten angibt, sie mache gerne Überstunden. Aber die Alternative heißt häufig: Friss oder stirb.

Heute soll man froh und dankbar sein, überhaupt eine Arbeit zu haben. Arbeit um jeden Preis – das ist auch das Signal, das von der Politik ausgesendet wird. Man denke an die Argumentation, dass wir alle *mehr* arbeiten müssen, damit neue Arbeitsplätze geschaffen werden. Man denke an die Debatte über einen Niedriglohnsektor: Menschen sollen um jeden Preis zu irgendeiner Arbeit angehalten werden. Wer das nicht annimmt, dem droht in letzter Konsequenz Obdachlosigkeit und Hunger, nackte Existenznot in einer reichen Gesellschaft. Das ist der Gegenstand einer Debatte über Sozialhilfeempfänger, die eine zumutbare Arbeit ablehnen. Und zumutbar ist alles, denn in dieser Logik ist jede Arbeit um jeden Preis richtig. Dann wird es ernst mit der Alternative: Friss oder stirb.

Qualitative Ansprüche an Arbeit und Leben bleiben dabei nicht nur auf der Strecke. Sie werden verachtet. Wer sagt: »Ich würde ja gerne arbeiten, aber es soll ein bisschen sinnvoll sein…«, der gilt als Drückeberger, Faulpelz und Schmarotzer. Einerseits wird die Förderung von Teilzeitarbeit plakativ gewünscht. Aber wehe dem, der sie in Anspruch nehmen will, um mehr Zeit für sich zu haben.

Wünschenswert wäre, dass es auch Akzeptanz für andere, alternative Einstellungen zur Zeit gibt. Das Modell der friedlichen Koexistenz könnte hier Vorbild sein: leben und leben lassen. Das ist schwierig, aber nicht aussichtslos. Wer sich den Zwängen der Zeitökonomie entziehen will, braucht Mut und Kraft, um die Widerstände bei Vorgesetzten und Kollegen, in der Familie, bei Bekannten und im Freundeskreis zu überwinden. Das erfordert vor allem ein liebevolles Verhältnis zu sich selbst und zur eigenen Zeit. Dann kann man die eigenen Interessen und Bedürfnisse selbstbewusst vertreten. Auch die langen und gelegentlich mühsamen Wege zum Zeitwohlstand beginnen mit dem ersten Schritt.

Literaturverzeichnis

Adam, Barbara/Geißler, Karlheinz A./Held, Martin (Hrsg.): Die Nonstop-Gesellschaft und ihr Preis. Vom Zeitmißbrauch zur Zeitkultur. Stuttgart/Leipzig 1998.

Ahrens, Dieter F.: Gewinnen Sie Zeit. Planen Sie Ihre Wünsche. Landsberg am Lech 1988.

Backhaus, Klaus/Bonus, Holger (Hrsg.): Die Beschleunigungsfalle oder der Triumph der Schildkröte. Stuttgart 1997.

Cavalli, Alessandro: Zeiterfahrungen von Jugendlichen. Versuch einer Typologie, in: Rainer Zoll (Hrsg.), Zerstörung und Wiederaneignung von Zeit. Frankfurt a.M. 1988, S. 387–404.

Cooper, Joseph D.: So schafft man mehr in weniger Zeit. München 1990.

Elias, Norbert: Über die Zeit, in: Merkur, Jg. 36, H. 9 u. 10/1982, S. 841–856 u. 998–1016.

Elias, Norbert: Über die Zeit. Frankfurt a.M. 1984.

Ende, Michael: Momo oder Die seltsame Geschichte von den Zeit-Dieben und von dem Kind, das den Menschen die gestohlene Zeit zurückbrachte. Stuttgart 1973.

Fischer, Theo: Wu Wei. Die Lebenskunst des Tao. Reinbek 1998.

Geißler, Karlheinz A.: Zeit leben. Vom Hasten und Rasten, Arbeiten und Lernen, Leben und Sterben. Weinheim/Basel 1985.

Geißler, Karlheinz A.: Das pulsierende Leben. Ein Plädoyer für die Orientierung am Rhythmus, in: Martin Held/Karlheinz A. Geißler (Hrsg.): Von Rhythmen und Eigenzeiten. Perspektiven einer Ökologie der Zeit. Stuttgart 1995, S. 9–18.

Geißler, Karlheinz A.: Zeit. »Verweile doch, du bist so schön!«, Weinheim/Basel 1996.

Geißler, Karlheinz A./Held, Martin: Grundbegriffe zur Ökologie der Zeit. Vom Finden der rechten Zeitmaße, in: dies. (Hrsg.): Von Rhythmen und Eigenzeiten. Perspektiven einer Ökologie der Zeit. Stuttgart 1995 (Sonderdruck).

Grazia, Sebastian de: Der Begriff der Muße, in: Scheuch, Erwin K./Meyersohn, Rolf (Hrsg.): Soziologie der Freizeit. Köln 1972, S. 56–73.

Heinemeier, Siegfried: Zeitstrukturkrisen. Biographische Interviews mit Arbeitslosen. Opladen 1991.

Heintel, Peter/Macho, Thomas: Zeit und Arbeit. Hundert Jahre nach Marx. Wien 1985.

Held, Martin/Geißler, Karlheinz A. (Hrsg.): Ökologie der Zeit. Vom Finden der rechten Zeitmaße. Stuttgart 1993.

Held, Martin/Geißler, Karlheinz A. (Hrsg.): Von Rhythmen und Eigenzeiten. Perspektiven einer Ökologie der Zeit. Stuttgart 1995.

Held, Martin/Kümmerer, Klaus: Alles zu seiner Zeit und an seinem Ort. Eine andere Zeitkultur als Perspektive, in: Adam, Barbara/Geißler, Karlheinz A./Held, Martin (Hrsg.): Die Nonstop-Gesellschaft und ihr Preis. Vom Zeitmißbrauch zur Zeitkultur. Stuttgart/ Leipzig 1998, S. 239–257.

Hildebrandt, Gunther: Die Mißachtung der biologischen Zeitprogramme des Menschen durch Nacht- und Schichtarbeit, in: Adam, Barbara/Geißler, Karlheinz A. /Held, Martin (Hrsg.): Die Nonstop-Gesellschaft und ihr Preis. Vom Zeitmißbrauch zur Zeitkultur. Stuttgart/Leipzig 1998, S. 121–147.

Hörning, Karl-Heinz/Gerhard, Anette /Mihailow, Matthias: Zeitpioniere. Flexible Arbeitszeiten – neuer Lebensstil. Frankfurt a.M. [2]1991.

Hohn, Hans-Willy: Die Zerstörung der Zeit. Wie aus einem göttlichen Gut eine Handelsware wurde. Frankfurt a.M. 1984.

Jahoda, Marie/Lazarsfeld, Paul F./Zeisel, Hans: Die Arbeitslosen von Marienthal. Frankfurt a.M. 1975.

Laermann, Klaus: Alltags-Zeit. Bemerkungen über die unauffälligste Form sozialen Zwangs, in: Kursbuch Nr. 41, 1975, S. 87–105.

Lafargue, Paul: Das Recht auf Faulheit und andere Satiren. Berlin [2]1991.

Levine, Robert: Eine Landkarte der Zeit. München 1998.

Lübbe, Hermann: Im Zug der Zeit. Verkürzter Aufenthalt in der Gegenwart. Heidelberg/Berlin 1992.

Luhmann, Niklas: Die Knappheit der Zeit und die Vordringlichkeit des Befristeten, in: ders., Politische Planung. Aufsätze zur Soziologie von Politik und Verwaltung. Opladen 1971, S. 143–164.

Marx, Karl: Grundrisse der Kritik der Politischen Ökonomie. Ostberlin 1953.

Mead, George H.: The Philosophy of the Present. Chicago 1980.

Meier-Koll, Alfred: Chronobiologie. Zeitstrukturen des Lebens. München 1995.

Meiners, Birgit: »Belastungsriesinnen« und »Widerständige«. Strategien zur Bewältigung chronischer Zeitknappheit, in: Raehlmann, Irene u.a. (Hrsg.): Alles unter einen Hut? Hamburg 1992.

Nadolny, Sten: Die Entdeckung der Langsamkeit. München [26]1992.

Negt, Oskar: Lebendige Arbeit, enteignete Zeit. Politische und kulturelle Dimensionen des Kampfes um die Arbeitszeit. Frankfurt a.M./New York [3]1987.

Neverla, Irene: Fernsehen als Medium einer Gesellschaft in Zeitnot. Über »Zeitgewinn« und »Zeitverlust« durch Fernsehnutzung, in: MediaPerspektiven, H. 3/1991, S. 194–205.

Neverla, Irene: Fernseh-Zeit. Zuschauer zwischen Zeitkalkül und Zeitvertreib. München 1992.

Nowotny, Helga: Eigenzeit. Entstehung und Strukturierung eines Zeitgefühls. Frankfurt a.M. 1993

Plattner, Ilse E.: Zeitberatung. München/Landesberg 1992.

Plattner, Ilse E.: Zeitstress. Für einen anderen Umgang mit der Zeit. München 1993.

Psychologie heute, Heft Juni 1998, Schwerpunktthema »Zeit genug«.

Raehlmann, Irene u.a. (Hrsg.): Alles unter einen Hut? Arbeits- und Lebenszeit von Frauen in der »Dienstleistungsgesellschaft«. Hamburg 1992.

Raehlmann, Irene u.a.: Flexible Arbeitszeiten. Wechselwirkung zwischen betrieblicher und außerbetrieblicher Lebenswelt. Opladen 1993.

Rechtschaffen, Stephan: Du hast mehr Zeit, als Du denkst. München 1998.

Reheis, Fritz: Die Kreativität der Langsamkeit. Darmstadt 1996.

Rinderspacher, Jürgen P.: Gesellschaft ohne Zeit. Individuelle Zeitverwendung und soziale Organisation der Arbeit. Frankfurt a.M. 1985.

Rinderspacher, Jürgen P.: Die ruhelose Gesellschaft, in: Das Argument, Jg. 29, H. 164/1987, S. 498–504.

Schlote, Axel: Widersprüche sozialer Zeit. Zeitorganisation im Alltag zwischen Herrschaft und Freiheit. Opladen 1996.

Schmidt, Walter: Zeitplaner für den PC. Eine feine Sache – solange man sie nicht benutzt, in: Computerwoche H. 12/1999, S. 22.

Schneider, Manuel/Geißler, Karlheinz A./Held Martin (Hrsg.): Zeit-Fraß. Zur Ökologie der Zeit in Landwirtschaft und Ernährung, Politische Ökologie, Sonderheft Nr. 8, September/Oktober 1995, München.

Schulze, Gerhard: Die Erlebnisgesellschaft. Kultursoziologie der Gegenwart. Frankfurt a.M./New York 1992.

Seifert, Eberhard (Hg.): Ökonomie und Zeit. Beiträge zur interdisziplinären Zeitökonomie. Frankfurt a.M. 1988.

Seiwert, Lothar J.: Mehr Zeit für das Wesentliche. Landsberg ^{3}1997.

Seiwert, Lothar J.: Das 1x1 des Zeitmanagements. Landsberg ^{16}1997a.

Seiwert, Lothar J.: Wenn Du es eilig hast, gehe langsam. Das neue Zeitmanagement in einer beschleunigten Welt. Frankfurt a.M./New York ^{4}1999

Sichtermann, Barbara: Zeit-Kämpfe mit Kindern, in: Ästhetik und Kommunikation, Jg. 12, H. 45–46/1981, S. 5–19.

Thompson, Edward P.: Zeit, Arbeitsdisziplin und Industriekapitalismus, in: ders., Plebejische Kultur und moralische Ökonomie. Frankfurt a.M./Berlin/Wien 1980, S. 34–65.

Virilio, Paul: Rasender Stillstand. München 1992.

Virilio, Paul: Revolutionen der Geschwindigkeit. Berlin 1993.

Weber, Max: Die protestantische Ethik und der Geist des Kapitalismus, in: ders., Gesammelte Aufsätze zur Religionssoziologie. Tübingen 1934.

Wendorff, Rudolf: Zeit und Kultur. Geschichte des ZeitBewusstseins in Europa. Opladen 1980.

Winfree, Arthur: Biologische Uhren. Zeitstrukturen des Lebendigen. Heidelberg 1988.

Zoll, Rainer (Hrsg.): Zerstörung und Wiederaneignung von Zeit. Frankfurt a.M. 1988.

Zoll, Rainer: Zeiterfahrung und Gesellschaftsform, in: ders. (Hrsg.): Zerstörung und Wiederaneignung von Zeit. Frankfurt a.M. 1988a.

Zulley, Jürgen: Schlafen und Wachen als biologischer Rhythmus. Regensburg 1993.

Zulley, Jürgen: Menschliche Rhythmen und der Preis ihrer Mißachtung, in: Adam, Barbara/Geißler, Karlheinz A./Held, Martin (Hrsg.): Die Nonstop-Gesellschaft und ihr Preis. Vom Zeitmißbrauch zur Zeitkultur. Stuttgart/Leipzig 1998, S. 107–119.

Bildnachweis

Alle Zeichnungen in der Randspalte stammen von Ulrike Rath.

S. 19:   Jules Stauber/Baaske Cartoons

S. 61:   Tiki Küstenmacher/Baaske Cartoons

S. 81, 159:   Jan Tomaschoff/Baaske Cartoons

S. 89:   Erhard Dietl/Baaske Cartoons

S. 101:   Ralf Butschkow/Baaske Cartoons

W BELTZ WEITERBILDUNG

Peter Kürsteiner
Reden, vortragen, überzeugen
Vorträge und Reden effektiv
vorbereiten und erfolgreich
präsentieren.
156 Seiten. Zahlr. Abb. Pappband.
ISBN 3-407-36351-6

»Wer so spricht, dass er gut verstanden wird, spricht immer gut.«
(Molière)
Das bedeutet: Wer sein Wissen
ansprechend in Worte verpacken
kann, wird seine Ziele schneller
erreichen und seine Zuhörerschaft leichter mit sich reißen.
Doch ganz so einfach fällt das vielen Menschen nicht. Verspüren
auch Sie Lampenfieber, wenn Sie
eine Rede halten müssen?
Kämpfen Sie häufig mit Versprechern? Oder möchten Sie als
Profi weitere Anregungen erhalten? – In diesem Buch finden Sie
viele Tipps und Übungen, die Sie
direkt in die Praxis umsetzen
können. Rhetorische und didaktische Mittel zur Würzung Ihres
Vortrages kommen nicht zu kurz.
Denken Sie daran: »Eine gute
Rede soll das Thema erschöpfen,
nicht die Zuhörer.« (Churchill)

Aus dem Inhalt:
Lampenfieber ade; Planung Ihres
Vortrages; Inhaltlicher Aufbau;
Sprechtechnik und Sprechstil.

Regina Mahlmann
**Selbsttraining für
Führungskräfte**
Ein Leitfaden zur Analyse der
eigenen Führungspersönlichkeit
und eine Anleitung zum »persönlichen Change Management«.
248 Seiten. Zahlr. Abb. Pappband.
ISBN 3-407-36338-9

Ihre beste Mitarbeiterin wechselt
die Abteilung. Überraschend erhalten Sie die Verantwortung für
ein neues Projekt. Der vorgesehene Abgabetermin wird um eine
Woche vorgezogen. Wie fühlen
Sie sich dabei? Wie planen Sie?
Wie gehen Sie damit um? – Lernen Sie mit Hilfe dieses Buches
Ihre Stärken und Schwächen kennen. Hier erhalten Sie das notwendige psychologische Grundwissen. Zahlreiche Selbsteinschätzungstests, Analysen von
Fallsituationen sowie Anregungen
zur praktischen Umsetzung
helfen persönliche Neigungen
und Stärken kennen zu lernen.

Aus dem Inhalt:
Grundmotivationen menschlichen Handelns; Test: Persönliche
Präferenzen erkennen; Strategien
für den Umgang mit Veränderungen; Neubestimmung
der Führungsfunktion; Die
Führungsrollen Coach, Leader
und Kulturmanager.

Michael A. West
Innovation und Kreativität
Wege und Strategien für
Unternehmen mit Zukunft
Übersetzung aus dem Englischen:
Elisabeth Steinweg-Fleckner.
192 Seiten. Zahlr. Abb. Pappband.
ISBN 3-407-36339-7

»Innovationen sind die Zukunft
eines jeden Unternehmens.«
Michael A. West beschreibt Wege
zur besseren Entwicklung von
Kreativität: auf individueller
Ebene, in Gruppen und Teams
sowie im gesamten Unternehmen.
Eine Mitarbeiterin hat plötzlich
eine Idee! Sie sprüht geradezu vor
Einfällen. – Äußert sie ihre Gedanken? Findet sie Gehör? Wird
ihr Einfall ausprobiert? Tatsache
ist: Innovative Unternehmen
brauchen eine Kultur für das
Neue. Voraussetzung dafür ist
eine Arbeitsumgebung, welche
die schöpferische Energie aller
Mitarbeiter freisetzt. Michael
A. West zeigt die Bedingungen
auf, Innovationen in die Praxis
umzusetzen.

Aus dem Inhalt:
Entwicklung individueller
Kreativität im Unternehmen;
Vertrauen in die eigene
Kreativität; Kreativität und
Innovation in Teams;
Wegweisende Innovationen.

Udo Haeske
**Erfolgreich telefonieren im
Beruf**
Informieren, beraten, überzeugen
204 Seiten. Zahlr. Abb. Pappband.
ISBN 3-407-36352-4

Schwierige Kunden, wichtige
Beratungen, ausführliche Verhandlungen – all dies erfordert
gute Kenntnisse, wie die Kommunikation am Telefon abläuft.
Dieses Buch richtet sich an alle,
die das Telefon vor allem beruflich erfolgreicher nutzen wollen.
Udo Haeske erklärt die Besonderheiten der Telefonkommunikation: Da nonverbale Elemente wie
Körpersprache wegfallen, spielen
Telefonstimme, rhetorische Gewandtheit sowie psychologisches
Einfühlungsvermögen eine große
Rolle. Er zeigt, wie Telefonkompetenz gesteigert werden kann: die
Wirkung der Stimme verbessern,
gezielt zuhören, Gesprächsregeln
beachten. Zahlreiche Übungen
und Beispiele demonstrieren, wie
man selbstsicher und kompetent
telefoniert und auch Krisensituationen meistert.

Aus dem Inhalt:
Typgerecht telefonieren;
Informationsfiller erkennen;
Arbeitsmethoden und
Arbeitsplatzgestaltung.

Beltz Verlag • Postfach 10 01 54 • 69441 Weinheim • www.beltz.de

W BELTZ WEITERBILDUNG

Edith Stork
Logistik im Büro
Unordnung kostet Geld.
117 Seiten. Zahlr. Abb. Pappband.
ISBN 3-407-36333-8

Wie häufig suchen Sie eigentlich
nach wichtigen Unterlagen?
Wie oft vergeuden Sie Ihre Zeit
mit Aufräumen, Umräumen,
Neuordnen, Suchen und Sortieren? Wollen Sie dies ändern?
Dann sollten Sie keine Zeit mehr
verlieren, System in Ihr Büro zu
bringen.
Edith Stork zeigt in diesem Buch,
wie Sie perfekte Ordnung in Ihr
Chaos bringen. Das Ablagesystem
wird so optimiert, dass keine Zeit
mehr verloren wird mit unnötigem Suchen nach wichtigen
Schriftstücken. Akten,
Hängemappen und Ordner
werden einheitlich beschriftet.
Auch andere Mitarbeiter finden
sofort gesuchte Dokumente.
Denn bei allen herrscht die
gleiche Ordnung.
Das andere Chaos, das kreative,
produktive, bleibt Ihnen dort erhalten, wo Sie es für Ihre Interessen und Visionen brauchen.
Dafür haben sie dann mehr Zeit.

Aus dem Inhalt:
Teamfähigkeit der Ablage; Kostenminimierung; Verantwortung für
Büroräume; Zeit erwirtschaften.

Herman Blom
Sitzungen erfolgreich managen
Meetings als Kommunikationsmittel und Management-
Instrument richtig nutzen
142 Seiten. Zahlr. Abb. Pappband.
ISBN 3-407-36358-3

»In Sitzungen schlägt das Herz
einer Organisation.« Es wird
beratschlagt, diskutiert, Entscheidungen getroffen. Die
Zusammenarbeit der Mitarbeiter
spiegelt sich darin wider. Gut
gestaltete Meetings tragen daher
erheblich zum Unternehmenserfolg bei.
Herman Blom zeigt, wie es geht:
Er erläutert Funktionen und
Dimensionen von Sitzungen. Er
stellt heraus, wie mit den Techniken des »aktiven Zuhörens«
typische Sitzungsprobleme gut
gelöst werden können. Vorbereitung, Ablauf und Evaluierung von
Sitzungen sind weitere wichtige
Themen. Zahlreiche Beispiele und
Fallbeschreibungen verdeutlichen
den Inhalt. Tests, Übungen,
Aktionspläne sowie Checklisten
erleichtern die Umsetzung in die
Praxis.

Aus dem Inhalt:
Tatort Sitzung; Die Funktionen
einer Sitzung; Die Dimensionen;
Das aktive Zuhören; Die Sitzung
als Teamaufgabe.

Michael Reddy
Mitarbeiter beraten
Kollegiale Hilfe zur Selbsthilfe.
197 Seiten. 20 Abb. Pappband.
ISBN 3-407-36328-1

Der Mensch ist der wichtigste
Aktivposten eines Unternehmens.
Erfolg und Misserfolg hängen
davon ab, ob ein effektives und
relativ zufrieden stellendes
Arbeiten möglich ist. Unter diesen Gesichtspunkten kann Beratung als ein besonders kostengünstiges Mittel zur Verbesserung
der Arbeitsleistung angesehen
werden.
Michael Reddy versteht unter
Beratung in erster Linie die Hilfe
zur Selbsthilfe. Die Betroffenen
sollen in die Lage versetzt werden,
selbst die Lösung ihres Problems
herbeizuführen. Er beschreibt
ausführlich die drei wichtigsten
Phasen des Beratungsprozesses
mit den dazugehörigen Fähigkeiten, Techniken und Einstellungen, die ein guter Berater
haben sollte. Zahlreiche Beispiele
verdeutlichen die Ausführungen.

Aus dem Inhalt:
Was ist Beratung und wie wirkt
sie? Die drei Phasen der Beratung;
Die Beratungstechniken;
Eigenschaften eines Beraters;
Karriereberatung; Beratung und
das Unternehmen.

Gerhard Altmann/Heinrich
Fiebiger/Rolf Müller
**Mediation: Konfliktmanagement
für moderne Unternehmen**
261 Seiten. Zahlr. Abb. Pappband.
ISBN 3-407-36340-0

Die einen sagen: »Mediationsverfahren sind zeitraubend und
zu kostspielig.« Die anderen
sagen: »Mediation lohnt sich
immer und ist wichtig für das
weitere Zusammenleben und
Zusammenarbeiten.« Richtig ist:
Mediation fördert die selbstbestimmte Konfliktbearbeitung
der Streitparteien. Neue Wege
werden möglich.
Die Autoren Altmann, Fiebiger
und Müller – alle drei erfolgreiche
Mediatoren – zeigen auf, über
welche methodischen Kenntnisse
ein Mediator verfügen muss.
Dabei geht es ihnen vornehmlich
um den praktischen Nutzen für
Trainer, Führungskräfte und
Mitarbeiter in Unternehmen.
Anhand von Praxisbeispielen
dokumentieren sie den konkreten
Mediationseinsatz.

Aus dem Inhalt:
Mediation und verwandte Verfahren; Der Mediator im Unternehmen; Methoden und Strategien der Mediation; Beispiele
aus der Mediationspraxis.

Beltz Verlag · Postfach 10 01 54 · 69441 Weinheim · www.beltz.de